高端化

中国高端品牌发展蓝皮书

浪潮

段传敏　段淳林　刘波涛

著

经济管理出版社

ECONOMY & MANAGEMENT PUBLISHING HOUSE

图书在版编目（CIP）数据

高端化浪潮：中国高端品牌发展蓝皮书 / 段传敏，段淳林，刘波涛著 . —北京 : 经济管理出版社，2024.5

ISBN 978-7-5096-9731-3

Ⅰ . ①高…　Ⅱ . ①段…②段…③刘…　Ⅲ . ①品牌 – 发展 – 研究报告 – 中国

Ⅳ . ① F279.23

中国国家版本馆 CIP 数据核字（2024）第 111643 号

组稿编辑：赵亚荣

责任编辑：赵亚荣

责任印制：张莉琼

责任校对：蔡晓臻

出版发行：经济管理出版社

（北京市海淀区北蜂窝 8 号中雅大厦 A 座 11 层　100038）

网　　　址：www. E-mp. com. cn

电　　　话：（010）51915602

印　　　刷：唐山玺诚印务有限公司

经　　　销：新华书店

开　　　本：710mm × 1000mm /16

印　　　张：15.25

字　　　数：223 千字

版　　　次：2024 年 6 月第 1 版　　2024 年 6 月第 1 次印刷

书　　　号：ISBN 978-7-5096-9731-3

定　　　价：98.00 元

序 言
PREFACE

高端品牌　大国力量

高端品牌实验室主任　段传敏

谁也不会想到，2023 年 4 月的上海车展带来如此强烈的冲击波。

其间，一向强调物美价廉、高性价比的比亚迪推出的高端品牌——"仰望"让世界为之惊讶。上百万元一台的价格，两天时间竟被订购了 3 万台。"仰望"的横空出世令西方汽车工业瑟瑟发抖：后者不但正在遭受中国新能源汽车产业的集体冲击，还正在失去在高端品牌领域的话语权。

高端品牌，被视为西方企业在市场上荣耀的领地和最后的尊严。

不但在汽车产业，在家电、手机、饮料、化妆品、服装等诸多行业，这样的事情正变得不再稀奇。以华为、大疆、卡萨帝、红旗为代表的中国企业，不但在技术上挺进高端、迎头赶上，而且在品牌上锐意进取、不懈攀登。中国的高端品牌已经开始在海内外熠熠生辉。

这不是几家企业的孤勇战斗，而是群体性的奋勇争先。中国品牌正在形成自己的"高端品牌军团"，在中国市场中，形成一股引人注目的品牌高端化浪潮。

尽管它们之中大多数的实力还相对弱小，但假以时日，必然像如今的中国制造般风靡世界。

有关营销与品牌的理论在西方已经发展演变了近百年，20 世纪八九十

I

年代传入中国时已经高度成熟，形成了一套专业、复杂、系统的理论与实践体系。国内外对品牌的价值达成的共识是：它是能给拥有者带来溢价、产生增值的一种无形的资产，甚至是一种核心的竞争能力。

20世纪八九十年代，国人对美国可口可乐公司前总裁的一句话印象深刻："即使公司在全球的生产工厂在一夜之间被大火烧毁，只要有可口可乐品牌在，几年时间就可以东山再起。"这句话形象、生动地说明了品牌的价值。

彼时的中国曾经掀起一股建设自主品牌的浪潮，先是保健品行业（如三株、太太、巨人、太阳神等），之后家电行业（如海尔、长虹、TCL、爱多、步步高、华帝、方太、万和、万家乐、格兰仕、小天鹅等）、IT行业（如联想、方正等）唱起了主角，然后迅速蔓延到日化行业（如活力28、隆力奇、美加净、纳爱斯等）等诸多行业。

90年代，中国企业快速吸收各种营销知识并付诸实践，令中国成为各种理论和策略的"演武场"：点子战、广告战、VI战、配方（功能）战、价格战、公关战、标王战、渠道战……企业激情冲锋，奇招纷呈，你追我赶，市场上不断诞生各种品牌传奇（尽管也有数不尽的失败同步上演）。这种营销思想的普及催生出一批自主品牌，它们后来的命运不尽相同：保健品像飞蛾扑火般前仆后继，日化品牌接连被外资收购，越战越勇的家电、IT品牌则将世界巨头逼至高端一角……

回想起来，那真是一段品牌营销人"激情燃烧的岁月"。

出人意料的是，进入21世纪，很多企业却在品牌方面陷入"迷茫"。

这里有两大原因：一是中国加入世界贸易组织（WTO）后快速融入全球产业链分工体系，虽然"三来一补"贸易低价、低利润、低附加值，但面对快速增长的、海量的全球订单，许多企业开始沉湎其中；二是随着以房地产为中心的城市化启动，异常繁荣的地产令诸多制造企业卷入其中。

刚刚加入世界贸易组织不久的中国，迅速变为世界的加工制造中心。尽管"数亿衬衫（有说袜子）换不回一架飞机"的辛酸在社会引发热议，但面对市场上的快钱、暴利，有多少企业还顾得上可望而不可及又难以折现的品牌呢？

直到 2008 年，全球经济危机的爆发才令其中的部分企业惊醒过来。此后的制造业又开始接受互联网经济的炙烤——"互联网 +"。

之后不久，一些行业相继进行市场扩容，步入结构性增长阶段，竞争日益加剧。2018 年，中国品牌"国潮"化兴起，人们越发认清品牌的真正价值。此时，已经进入 21 世纪 20 年代。

高速增长的 40 年一晃而过。尽管过程复杂，专家也常对企业品牌意识的淡薄而感到叹息，人们依然可以发现，中国企业用很短的时间走完了西方品牌数百年经历的诸多阶段：20 世纪 80 年代是品牌的萌芽和发育期（对应的是西方 15~18 世纪）；90 年代是品牌的成长期（对应的是西方 1850~1920 年），大量的广告公司涌现；21 世纪前十年则是品牌的壮大期，开始与已经成熟近百年的国际品牌分庭抗礼……

在理论上，现代意义上的品牌概念出现于 20 世纪 50 年代，品牌传播此时才开始系统化、规范化和理论化。

有人曾将西方品牌理论的演进划分为五个阶段：①商品标识（20 世纪初）；②品牌形象（20 世纪 50 年代）；③品牌个性（20 世纪 60 年代）；④品牌资产理论（20 世纪 90 年代）；⑤品牌认同（关系）理论（20 世纪 90 年代末）。如果对照起来，那么中国的 20 世纪 80 年代就是商品标识阶段；90 年代就是品牌形象阶段。可惜的是，之后中国在品牌的演变上似乎出现了某种停滞，还在个性阶段、资产阶段和认同阶段的"黑洞"里徘徊……

在大多数企业家眼里，品牌首先是一门生意，而不是一个专业。它表面上是一个名称或设计，实际上则是企业经营的自然之果。

从某种程度上看这并没有错。1960 年，美国市场营销协会给出的定义是："品牌是一种名称、术语、标记、符号或设计，或是它们的组合应用，其目的是借以辨认某个销售者或某群销售者的产品或服务，并使之与竞争对手的产品和服务区别开来。"

但这一观点并未突出品牌的专业和价值，作为企业不易被复制的核心竞争力，品牌应该被提升到战略层面，放在企业的优先考虑位置。这在西方的诸多品牌理论和实践中已得到反复证明。

一方面，中国企业拥有着后发优势。它们不必重走一遍西方品牌所经历的演进过程，甚至会将所有思想理论混合应用。另一方面，中国企业与世界的迅速接轨使它们既可以快速地学习迭代，又能在国内市场发挥独具的优势。再加上，中国市场快速扩容，已成为世界数一数二的消费市场，这不但迅速增强了企业和消费者的自信，也在跳跃式前进，改写着世界品牌营销的规则……

这意味着，发展未久的中国企业一只脚还处在落后的追赶阶段，另一只脚已经踏入世界前沿的"无人区"。品牌营销的思想正在遭遇前所未有的混乱与迷茫，企业家唯有秉持初心，扬长避短，走出一条独特的品牌升级之路。

随着国力的提升，中国企业开始在世界舞台上崭露头角：刚开始是以资源经营为主的企业（多以国企较多），接着是面向 B 端的装备制造企业（如三一重工、华为等），然后是面向 C 端的消费品牌企业（如联想、海尔、华为手机、小米、OPPO 等消费电子企业，其中海尔、联想是最早进行全球化经营的品牌）。在此过程中，中国企业的实力迅速攀升。

品牌是经济高质量发展的重要基石，也是一个国家的经济实力、综合国力与核心竞争力的体现。国内外差距客观存在，但这正是中国企业奋发作为的方向和动力。在此过程中，政府部门也积极作为，不但指引方向，而且提供政策支持。

2013 年，"高质量发展"理念提出；2014 年，习近平总书记提出中国经济发展进入"新常态"，同年提出了"三个转变"目标——"推动中国制造向中国创造转变、中国速度向中国质量转变、中国产品向中国品牌转变"；2017 年，将每年 5 月 10 日设定为"中国品牌日"，"高质量发展"写入党的十九大报告……这些轨迹显示出，国家早在 10 年前就观察到了企业转型升级的迫切性和必要性，从宏观的治国理念、大政方针和制度设计上推动企业向上攀登，拥有自己的核心技术，打造自己的品牌。

其中，优先的方向是大力发展航空装备、卫星制造、轨道交通、海洋工程、智能制造等高端制造业。

接下来就是品牌工程的登场了。2021 年公布的《中华人民共和国国民经济和社会发展第十四个五年规划和 2035 年远景目标纲要》指出："开展中国品牌创建行动，率先在化妆品、服装、家纺、电子产品等消费品领域培育一批高端品牌。"2022 年，推进品牌建设成为国家各部委的重要工作。2022 年 8 月 5 日，国家发展改革委等部门发布《关于新时代推进品牌建设的指导意见》，指出"品牌是高质量发展的重要象征"，"进一步引导企业加强品牌建设，进一步拓展重点领域品牌，持续扩大品牌消费，营造品牌发展良好环境"。同月，工信部、住建部、商务部、市监局共同发布《推进家居产业高质量发展行动方案》，对品牌目标做出明确部署。在此之前的 6 月，农业农村部刚刚发布《农业农村部关于印发〈农业品牌精品培育计划（2022—2025 年）〉的通知》。

难怪有专业人士感叹：品牌人的春天真正来临了！

在国家的品牌战略目标中，最引人注目的是"高端品牌"目标的提出。在此之前，一些升级高端品牌的企业虽然在民间已有宣传，但官方一直没有表态。部分企业仍有顾虑：高端必然是圈层化的，这和"共同富裕"有没有矛盾？过分强调这一特点和我们的价值观是否冲突？

2023 年 2 月，中共中央、国务院出台《质量强国建设纲要》。这是一份全面落实创新驱动和高质量发展的纲领性文件，也是全面贯彻全球发展新动能、推动"三个转变"的高层文件。品牌在其中被赋予相当重要的角色，这是因为，从全球竞争格局来看，品牌附加值是全球产业链中附加值最高的环节之一，只有那些品牌美誉度高的企业才有可能在全球竞争中做大做强，成为有世界竞争力的企业。这份文件再度强调了高端品牌的国家目标，并给出初步的标准，即"培育一批设计精良、生产精细、服务精心的高端品牌"。

最近几年，我们强烈感知了世界"百年未有之大变局"。面对国际形势复杂多变以及世界经济复苏乏力相互叠加的局面，我国经济从高速增长阶段进入高质量发展的新阶段。在此过程中，弘扬中国品牌乃至高端品牌被赋予了重要的历史使命。

同时，中国拥有全球最具潜力的市场、最完备的产业体系、最完善的供应链，这些为中国品牌的升级创造了良好的条件。

而且，自 2020 年起，我国人均 GDP 历史性地超过 1 万美元。伴随消费水平和文化水平的提高，人们对生活有了更高的要求，一部分人群的高端消费需求必须得到正视和满足，这也是国家大力发展高端品牌的现实背景。

正如高端制造是大国重器一样，高端品牌也是大国的重中之重，因为它不但要依托高新技术和高质量的产品，更要在全球消费者中富有声望。因此，它可谓高峰中的珠穆朗玛峰，理应是国家强大的"高精尖工程"。

过去，凭借廉价劳动力带来的低价优势，中国制造在全球赢得了"物美价廉"的声誉，中国品牌也开始崭露头角。随着中国加速步入老龄化，人口红利与成本红利双双消失，企业的价格优势逐渐消失，这倒逼其不断升级，向价值链的高端进发。

当今，在本土消费市场，尽管已经涌现出数量庞大的消费品品牌，它们在很多领域已逐步取代国际品牌，成为国内消费者的首选，但一个不容否认的事实是：国内大多数品牌依然定位在中低端，只能凭借出色的性价比来占据市场，品牌的溢价能力并不突出。

中国企业必须进行品牌升级，强化自己的品牌优势，而挺向高端是其重要选项，也是品牌升级过程中的一种必然选择。

面对日益广阔的市场和日益相信国货的消费者，我们深信：在政府、行业和企业的合力之下，来自中国的高端品牌将成为全球经济中一道亮丽的风景线。终有一日，它们持续创新和向上攀登的身影将会被整个世界看见。

目 录
CONTENTS

PART 01

第 一 章

高端化浪潮

2018，国潮兴起

2018 年是媒体眼中的"国潮元年"。从年初到年尾，无论是各大品牌还是综艺节目，都朝着"中国风"的方向进击。

几乎与此同时，中国企业界也涌起一股挺进高端的潮流。

2018 年 1 月，茅台的市值首次突破万亿元，成为白酒资本市场第一只市值破万亿元的股票，是全球市值最高的烈性酒公司。彼时，谁也不会想到，3 年后，这样的市值还会上涨 3 倍！

茅台的一路高歌猛进令整个白酒行业一片亢奋。2016 年后，国窖 1573、五粮液、山西汾酒、水井坊以及更多酱香型白酒品牌摩拳擦掌，不断调高出厂价、推出新品，试图分享高端化带来的市场红利。2017 年 7 月，郎酒集团宣布，将青花郎打造为高端用酒，宣布了青花郎的战略定位：青花郎，中国两大酱香白酒之一。郎酒集团将一个当年只有 10 亿营收的子品牌直接对标茅台。很快，这句广告语在全国机场、高铁等场所全面铺开。

2018 年初，红旗在北京人民大会堂隆重举行品牌战略发布会。随着全新 LOGO 的推出，上任不久的徐留平董事长宣布"要将红旗品牌打造成为'中国第一、世界著名'的'新高尚品牌'"，旗帜鲜明地提出了"中国造豪车"的口号。

按照《中国经营报》的说法，仅仅 5 年，"红旗实现了高端汽车品牌的跃迁式发展，成为高端民族汽车品牌高质量发展的一面旗帜和标杆"。在销量方面，2017 年红旗只有 4702 辆，但到了 2022 年已达 31 万辆，5 年内增长了 65 倍！这时的红旗终于扬眉吐气，成为国产轿车的佼佼者，更成为高端品牌的探路者和领导者。

这一年，原本是国民品牌的波司登羽绒服宣布了高端化升级战略，伴随"专注羽绒服 42 年，畅销全球 72 国"的广告语遍布全国电梯间，波司登产品全面提价 30%～40%；品牌营销方面也开始高举高打，动作频频：大大加强了广告投放；连续登陆纽约、米兰、伦敦时装周；两度与爱马仕前设计师总监高缇耶发布联名设计款；等等。

相比之下，一些代表新消费主义的高端式创业似乎更为锐利，更吸引人的眼球：

2018 年 5 月 20 日，原本是广告人的林盛在上海创立钟薛高品牌，将目标对准了国内雪糕的高端市场。在他的运作下，雪糕一改传统的扁平造型，采用中式瓦片设计，同时将价格标高为令人惊叹的 66 元 / 支（"厄瓜多尔粉钻"雪糕），颠覆了消费者对雪糕的固有印象，引发全网关注。当年的"双 11"期间，仅仅用了 15 个小时，2 万份雪糕售罄；在成立 16 个月时营收便突破 1 亿元。

尽管数年后钟薛高遭遇不少的争议，甚至面临网暴和经营困境，但当时的人们牢牢记住了一个高端雪糕的品牌。它的横空出世给人们留下了深刻的印象——与众不同的设计、极致的价格、娴熟的互联网营销手法，甚至打破了人们对高端品牌建设的诸多认知：一开始就推出最贵的单品，直接在互联网上而非线下构建消费"体验"，给品牌赋予强烈的网红属性，大肆追求知名度……

与之相对照的是另一个高端品牌——观夏，一家面向香薰及洗护类的新型企业。它诞生于 2018 年，2019 年 1 月推出晶石情绪香薰产品系列，高颜值的晶石香薰虽然小众，却迅速受到不少人的关注；3 月即获得 IDG 资本、真格基金等的 A 轮投资。

观夏号称"东方文化香氛品牌，从东方的文化、艺术中寻找香气灵感"。其三位创始人分别来自聚美优品、《时尚芭莎》和轻食果蔬品牌HeyJuice，后来一位毕业于耶鲁大学设计系的韩裔设计师也加入进来。观夏的品牌形象设计、店面设计和产品设计的确独具风格，在极简的新摩登主义中融入东方文化，符合互联网品牌的爆品思维。不过，与钟薛高迥异的是：观夏关注线下体验，追求圈层关注而非大众流行。它们的共同点则是卓越的线上内容营销能力。

2018年10月，新能源汽车势力迎来又一个生力军：创业三年的李想推出首款车型——理想ONE汽车，裸车价直接定在30万元以上，称得上国产汽车中的高端价位。没想到，2019年该车一经上市便获得了不错的市场反响，仅用12个月零14天就完成了30000辆的交付。

2018年前后，还有更多令人振奋和值得铭记的大事：华为手机全球出货量高达2亿部，同比增长30%，直逼苹果手机。关键是，它不但销量惊人，市场定位也与苹果手机同处高端市场水平。仅仅用了7年，华为手机就实现了从低端向高端的逆袭，从当初那个手机代工企业一跃成为世界高端品牌的杰出代表。

海尔智家旗下的卡萨帝2018年实现44%的高增长，万元以上高端产品份额高达42.7%。这一年，它成功实现了国内市场高端家电份额第一的目标。相关数据显示，不论是冰箱还是洗衣机、空调等，卡萨帝都实现了同价位段销量第一，打破了自1995年德国高端家电进军中国以来长达20年的外资垄断。

也许是受它的鼓舞，2018年10月，美的集团旗下的高端国际家电品牌COLMO的出生礼在欧洲阿尔卑斯山勃朗峰举行。作为进军高端的最新努力，COLMO不但出生礼豪华，定位直接瞄准国际高端家电，而且推出套系家电，产品涵盖冰箱、洗衣机、油烟机、燃气灶、洗碗机、煮饭机器人等多个品类。

COLMO问世后，业绩开始了加速追赶：2020~2022年营业收入从

2019 年的 1 亿元分别增长到 10 亿元、42.6 亿元、80 亿元，这一业绩大大颠覆了人们的想象。人们没想到，在外界一向不显山露水的 COLMO 进展如此凶猛，效果如此显著。

全面执掌雪花啤酒的侯孝海为雪花啤酒点燃的"三把火"是惊人的"3+3+3"战略，开启了雪花啤酒"决战高端，质量发展"之路，目标是打造"4+4"高端品牌集群。这是一个史诗般的高端化战略升级。2018 年是其第一个三年计划的关键阶段，目标是"去包袱、强基础、蓄能量"。当年 11 月，华润和高端品牌喜力集团正式签署并购协议，将后者揽入怀中。

数年过去，华润雪花开始享受高端化带来的巨大成果。2022 年是"3+3+3"战略第二个三年的收官之年。这一年，尽管遭遇了线下场景的强烈冲击，华润啤酒依然实现了销量、利润的持续增长，整体平均销售价格同比上升了 5.2%，其中，高端产品销售占比已达 19%。2020～2022 年是雪花啤酒高档酒发展最快的三年，也是其利润增长最快的三年。

越来越多的品牌加入高端化的"潮流"。

2019 年 1 月，正处于发展高潮期的休闲零食品牌良品铺子提出"高端零食"的品牌战略，期望开辟出一条差异化发展的"高端"道路，从品牌形象、产品研发、渠道运营、用户体验等各环节进行整体升级。良品铺子试图从源头的品质和营养健康入手，抓住消费升级的趋势。与此同时，一直强调性价比的小米手机开始执行双品牌策略，在产品组合上划分为 Redmi 与小米。Redmi 主攻高性价比，走大众化路线，小米品牌则向高端市场进军，显然它想复制华为与荣耀的模式。此时的华为手机已经强大得令人惊叹，P20、Mate20 横扫高端手机市场，出货量达 2 亿台。

这一时期，我们可以明显地感受到国产高端品牌的崛起和信心。这背后有消费者心理的巨大变化，也有国人对国产品牌信心的不断增强。

孤勇者：高端先锋

纵观高端品牌发展的历程，除了 2018 年前后，我们可以清晰地看到另一个重要的时间节点——2012 年。

这一年，党的十八大召开，习近平总书记于次年提出经济发展进入"新常态"，两年后提出"推动中国制造向中国创造转变、中国速度向中国质量转变、中国产品向中国品牌转变"的目标。

不过，严格来说，2008 年才是这一阶段的肇始。因为在这一年，遭遇了世界经济危机的很多国内企业开始意识到品牌的重要性，部分品牌开始积极布局高端市场。只不过，许多企业进军高端品牌的决策推迟了数年。

我们将 2012 年以前的品牌称为"孤勇者"，之后产生或升级的品牌为"奋勇者"，原因在于，2012 年以前，打造或升级高端品牌是一种自我的使命与勇敢，是一种主动向上攀登的自驱之力；2012 年之后的许多品牌则是看到了消费升级的巨大前景与成果，是一种笃定方向之后的奋勇出击。

我们熟知的"孤勇者"品牌如下：

20 世纪 90 年代的酒鬼酒，由于产品供不应求，价格也越来越高，1997 年公司成功在中国 A 股上市。

毕业于北京科技大学、任教于北京钢铁学院的张荣明一心想做实业，1993 年，已经研发出超弹性记忆合金文胸底托的他正式推出爱慕品牌。在别人追求速度、规模的时代，他平心静气地钻研产品、打造品牌，追求小而美、小而精、小而专。如今的爱慕已然成为高端内衣品牌的杰出代表。2022 年公司成功上市，当年营收超 33 亿元。

诞生于 2000 年 8 月的"水井坊"（隶属于四川水井坊股份有限公司）

出厂时定价为 600 元 / 瓶，一举成为行业最贵的白酒品牌，价格甚至比当时的茅台贵上 1 倍。有人评价，水井坊的诞生"在价格上重新定义了中国高端白酒，同时也拉开了高端白酒市场竞争的序幕"。这一评价甚高，但当年水井坊问世之时，文化营销配上最贵的价格，的确惊艳了白酒业界。可惜的是，其在 2012 年被英国洋酒集团帝亚吉欧（Diageo）收购后，开始变得不温不火。

2001 年，国窖 1573 诞生，泸州老窖正式进军高端市场。

很多人不知道的是，在白酒行业，20 世纪 80 年代泸州老窖曾是市场的王者，20 世纪 90 年代和 21 世纪前 10 年五粮液则是老大，茅台真正扛鼎其实主要是在 21 世纪 10 年代。其中，20 世纪 90 年代五粮液也是高端用品的主力军。茅台则是稳扎稳打，在 21 世纪初开始发力追赶。中国白酒的确是品牌高端化的"先锋部队"。这源于国人的文化传统和近乎刚性的市场需求。

20 世纪 90 年代，日化行业也开启了国产品牌的崛起进程。不过，它们的营销方式几乎如出一辙，即"明星代言 + 广告轰炸"模式。拉芳、丽涛、飘影、蒂花之秀、好迪、名臣……几十个品牌轮流出现在各大电视台的荧幕上。

数年后，它们凭借各自旗下的本草堂、美宜堂、缤纯、美王等子品牌开始了品牌升级之旅。蓝月亮、立白、卫新等也曾向高端洗衣液市场发起了进攻，再加上碧欧特、丸美、上海家化、云南白药、所望集团、美肤宝、迪彩……高端化确实已经成了中国本土日化品牌的潮流。可惜，冲出规模的高端品牌寥若晨星。

世纪之交的中国充满了激情和躁动，民间的创业热情喷发，各地政府对引进外资有着异乎寻常的热情。在部分产业，中国品牌的攻势凌厉，但日渐陷入价格战的泥潭。最典型的当数家电（尤其是彩电、VCD/DVD、微波炉等）行业，大部分企业不愿意在技术研发上投资，一些大型企业甚至丢失了品牌信念，做起了 OEM 的订单生意。

其中有一个细分行业比较奇异，那就是音响行业。1993 年诞生的 CAV、1999 年的爱浪以其先进的专卖店连锁模式在全国攻城略地，展开了高端音响的龙虎斗，催生了 21 世纪初音响市场的品牌繁荣。数年后，这些品牌因为行业、渠道和竞争等多种原因归于平寂。昔日的音响教父——爱浪创始人杨炼则于 2008 年进军定制家居行业，创立了另一个高端定制品牌——威法。

2002 年 7 月，成立于 2001 年 12 月的百果园在深圳街头开出第一家水果专卖店。创始人余惠勇有着强烈的品牌思维，同时广招加盟。2012 年，百果园公司成立十周年的时候，全国门店已达 300 家，2015 年获得 4 亿元 A 轮融资震惊了水果行业。渐渐地，百果园也成了"最贵的水果店"。不过，即便如此，其利润率不到 3%，因此算不算高端品牌颇有争议。

2002 年 1 月，由已经上市的美克家居（600337.SH）投资的美克·美家家具连锁有限公司（以下简称"美克·美家"）在天津成立，创始人冯东明决心改变过去近十年的 OEM 模式，打造面向品质消费的美克·美家高端品牌。设计师出身的他出手不凡，独立的、上千平方米的专卖体验店，设计装修得像高档酒店一样。

这一年，陶瓷行业的技术专家李志林决心打造自己的品牌，创办了广东简一（集团）陶瓷有限公司（以下简称"简一"），倡导"简单做人，一心做事"。2009 年，善于研究创新的他发明了大理石瓷砖，销售火爆。从此，他采取聚焦战略，决心走价值高端路线。经过三年不懈努力，简一迅速崛起。2012 年，大理石瓷砖成为行业主流品类之一，2015 年，简一开启了高端差异化竞争战略，将其高端战略明确化、品牌化。之后，简一的广告投放势头凶猛，强化了在消费者中的传播。

2003 年，比音勒芬服饰股份有限公司（以下简称"比音勒芬"，股票代码 002832）成立，恰值高尔夫热潮兴起。擅长高端服装经营的创始人谢秉政将公司产品定位于生活高尔夫细分领域。明显的差异化定位、精准的目标消费群体使比音勒芬一路披荆斩棘，扶摇直上。2016 年，比音勒芬成功上市，成为"中国高尔夫服饰第一股"。

2004年，在广东东莞这块被誉为"三来一补"加工中心、"全球生产车间"的热土上，一家叫慕思健康睡眠股份有限公司（以下简称"慕思"）的企业诞生了。它不但要做一个中国的世界品牌，还要做世界的高端品牌。十多年后，在普遍被视为消费低频、低关注度的家居行业，高端品牌慕思的成功成为一个奇迹般的存在。它无声却清晰地告诉我们：这个世界没有不可能，有志者、事竟成。

世纪之交，中国乳业大王伊利崛起。1999年，从伊利出走的牛根生创办了蒙牛，几年后爆发了"伊（利）蒙（牛）大战"，竞争反而使两者爆发出强大的发展潜力，迅速形成龙虎斗之势。2005年，善于营销的牛根生推出行业第一个高端品牌"特仑苏"，一炮而红；伊利也不甘示弱，次年推出了高端品牌"金典"与之对抗；2013年，蒙牛再推出高端酸牛奶品牌"纯甄"，2014年伊利再推出"安慕希"，2015年又推出常温乳酸菌高端产品"畅意100%"，形成了"群狼围殴一虎"的态势。

2006年，北方的著名家电企业海尔智家（彼时称为"青岛海尔"，2019年更名为"海尔智家"）毅然踏上了进军高端品牌的攀登征程，创立了国际高端家电品牌卡萨帝。这个十多年后看起来无比英明的决定当时却不被企业界看好，走进国人家中的过程更是充满曲折。但海尔智家没有放弃，反而不断加大投入，最终"十年磨一剑"，不但修成正果，而且成为中国企业高端化的标杆和现象级案例。

这一年，毕业于香港科技大学的无人机迷、"80后"汪滔在深圳创办了一家名为深圳市大疆创新科技有限公司（以下简称"大疆"）的企业。谁也没有想到，在经历了早期三四年痛苦的折磨之后，这家创业公司开始一飞冲天，迅速在全球消费级无人机领域取得了统治级的地位，而且价格不菲。

2006年，同为"80后"的王臻回国做的第一件事是在父亲王祥林所在的鄂尔多斯羊绒集团创立了羊绒奢侈品牌——"1436"。她想另辟蹊径，在已经拥有巨大知名度的鄂尔多斯羊绒服装领域开辟价值路线。在她的推动下，2008 年公司请来了法国时装设计师 Gilles Dufour 担任创意总监，开启了品牌高端化升级之旅：2011 年，鄂尔多斯推出都市女装时尚品牌 BLUE ERDOS；2016 年，品牌重塑焕新，裂变为鄂尔多斯 1980 和 ERDOS 两个品牌。

2006 年，做了数年代工生意的科沃斯终于将自己的品牌推向市场；次年推出国内首款扫地机器人产品地宝 5 系；2010 年发布全球首台空气净化机器人沁宝；2011 年发布全球首台擦窗机器人窗宝，之后又推出了第一代完全自主知识产权无线手持吸尘器 AK47、全球首台会思考的智能吸尘器 PURE ONE 以及会思考的智能洗地机……科沃斯不断以创新产品与技术实力引领服务机器人行业的变革，集团迅速发展壮大，2018 年在中国上交所成功上市，成为中高端服务机器人的研发与生产商。

2007 年，从事建筑行业的朱福庆在大家居品牌林立的广东发现一个市场缝隙，创立了广东皇派定制家居集团股份有限公司（以下简称"皇派门窗"）。两年后，他果断放弃低价低端路线，将皇派门窗定位于高端品牌，开辟高端定制门窗之路。十年后，坐了多年冷板凳的门窗行业在泛家居行业爆红，皇派门窗不但成为行业发展的龙头，也成为杭州亚运会官方指定供应商。

"昆仑山"矿泉水注册于 2007 年，但直到 2010 年才重拳出击，借成为广州亚运会官方指定饮用水之机推向市场。

2011 年，位于浙江宁波的方太集团明确自己的品牌定位——"方太，中国高端厨电专家与领导者"，旗帜鲜明地聚焦高端厨电市场。两年后，同处浙江省的老板电器开始了品牌反攻，甚至喊出了"高端厨电品牌领导者"的口号。

同年 11 月，艺术生活品牌"野兽派"（THE BEAST）在上海创立，创始人相海齐曾在上海东方卫视担任市场推广部主任、总编室副主任，拥有不少娱乐圈人脉。最初，野兽派只是一家卖花公司，它的小花束 150 元／束，中型花束是 300 元 / 束，价格不菲。善于讲故事的相海齐利用其丰富的明星人脉迅速走红。现在，野兽派已然成为首屈一指的高端美学家居、艺术生活品牌，产品由单一花艺延伸至香氛、家居服、家纺、家饰、家具、珠宝配饰、美妆个护、家饰餐厨、跨境商品等领域。

2013 年，由著名设计师马可和毛继鸿创立于 1996 年的设计师高定品牌"例外"爆火。与之同样出圈的是 2006 年马可创立的另一个纯手工高定品牌"无用"。尽管出名之后它们依旧神秘，但例外、无用在服装行业的高端品牌地位一直延续至今。

奋勇者：群雄逐鹿

改革开放后的 40 年，是中国大发展、创造经济奇迹的 40 年，也是消费不断升级的 40 年。有人将这 40 年划分为消费升级的四个阶段：1978~1992 年，解决了温饱问题的国人开始追求其他消费，服装、自行车、手表、收音机等开始流行，对我国轻工、纺织产品的生产产生了强烈的拉动作用；1992~1998 年，饮料、服装、家电和零售业迅速发展；1998~2014 年，快速的城市化推动了房地产、汽车、教育等产业的空前繁荣；2014 年至今则是第四次消费升级，增长较快的是教育、娱乐、文化、交通、通信、医疗保健、住宅、旅游等方面的消费，以及近几年以云计算、大数据、移动互联网、物联网、人工智能等为代表的新一代信息技术消费。

其中，正在进行的第四次消费升级尤其引人关注。党的十九大报告明确指出，中国特色社会主义进入新时代，我国社会主要矛盾已经转化为人民日益增长的美好生活需要和不平衡不充分的发展之间的矛盾。

这里还有一个大的背景，即 2010 年中国 GDP 突破 40 万亿元，超过日本成为世界第二大经济体。与此同时，国人出境游达到6000万人次，是2001年的5倍，成为世界第四大出境旅游消费群体。短短两年后的2012年，中国出境旅游达8300多万人次，由此成为世界第一大出境旅游市场和世界第一大出境旅游消费国（据中国之声《新闻和报纸摘要》报道）。

不仅如此，国人还将目光盯向了奢侈品等高端消费。根据媒体报道，2012年，中国人已成为世界范围内最大的奢侈品消费群体，他们买走了全球1/4的奢侈品，且60%发生在国外市场。由此，西方奢侈品品牌出现一个新词——"中国人市场"。

尽管国人对奢侈品的迷恋依旧，2008年的金融危机却惊醒了一批企业家，踏上了建立或强化自主品牌的旅程。2012年之后，以华为手机为代表的一批"奋勇者"出现，踏上了高端品牌领域的争先之旅。

其实华为手机早在2003年就已经推出，此时的它已错过首波国产GMS手机浪潮。原本它是作为3G通信系统配套而诞生的，主要以定制方式销售给电信运营商。2011年余承东接任手机公司CEO，华为手机开始走向零售市场，并向高端市场挺进，2013年先后推出Mate1和Mate2，以大屏、长续航的独特用户体验收获了不少粉丝。2014年9月，华为Mate7在德国柏林亮相，并热销国内，第一款真正意义上的国产高端手机诞生。2015年华为Mate8上市后，首月销量即突破百万。

几乎同时，华为手机另一个高端的P系列也在推进，经历了P1、P2的前期磨合，2013年凭借P6大获成功，奠定P系列精致时尚、卓越设计的基调；2014年的P7再接再厉，获得了欧洲消费者的认同……就这样，仅用了四五年的时间，华为手机就实现惊人的崛起，大大鼓舞了行业信心。

2012年，OPPO的高端FIND N系列几经波折，百折不挠；vivo X中高端系列开始了产品升级的探索，但它们均未独立成一个高端品牌，而且在此过程中出现了某种摇摆，以致于当华为手机受美国制裁而市场大幅度萎缩后，两者也并未在高端市场抢得更多份额。

2014 年 11 月，中国第一家智能电动汽车品牌蔚来在上海注册成立，对标的是特斯拉。彼时的特斯拉远没有现在风光无限，面临巨额亏损、股价下跌的窘境，刚刚进入中国的它充满了不确定性。2017 年 12 月，蔚来第一款车 ES8 上市销售，补贴前的售价竟高达 44.8 万~54.8 万元，开启了中国新能源汽车的高端之路。在此之前，除红旗外，所有国产轿车无一家敢标出 40 万元以上的价格。

同年，北京小罐茶业有限公司宣告成立（以下简称"小罐茶"），创始人杜国楹是位连续创业者，也是一位爆款产品营销专家。在经过 2015 年的小范围测试后，2016 年 7 月，小罐茶正式大规模推向市场，"小罐茶，大师作"的广告铺天盖地，据说当年回款 1 亿元，次年就实现销售额 6.8 亿元。它的出现，让中国茶叶从过去的工艺和地域销售一下切入到现代品牌运作阶段：不但统一包装、统一标准、统一售价，还树立了一款以统一形象为显著特点的高端品牌。小罐茶直接将目标客群锁定为那些追求优雅、优质生活方式的富裕人群，并将自身定位为高端中国茶品牌。

2012 年 5 月，"90 后"聂云宸开出第一家奶茶店"皇茶 ROYALTEA"，因商标原因，2015 年更名为"喜茶 HEYTEA"，此时的他已有 50 多家连锁店。2016 年，喜茶获得乐百氏创始人何伯权 1 亿元的首轮投资，声名渐起。平均 30 元一杯的价格奠定了其高端茶饮品牌的形象。

2015 年 12 月，"85 后"彭心和其先生赵林在深圳推出茶饮品牌"奈雪的茶"，以"茶饮 + 软欧包"双品类创新模式，将其高端茶饮空间设计成现代时尚的社交空间，迅速成为网红打卡地，次年奈雪的茶便获得 1 亿元的战略投资，开启了全国扩张之旅。

近几年，由于茶饮赛道日益拥挤，竞争激烈，喜茶和奈雪的茶均想进军大众市场和下沉市场，采取了降价策略（喜茶推出中低端的"喜小茶"但并不成功）。这一定程度上影响了其高端形象。

2013 年，华帝股份领导人潘叶江开始布局高端化战略升级。两年后，公司提出高端品牌定位，在营销、研发和渠道方面均进行大刀阔斧的投入，仅用了三年时间就取得实质性成效，不但迅速跻身高端品牌阵营，而且在销售上实现了量价齐升。

2007年，大量贴牌酒导致品牌价值稀释的五粮液启动"1+9+8"的品牌管理模式，开始扩大高价位产品的生产，清理低价位品牌。在市场不景气时低价甩货以保渠道利润的做法，加剧价格倒挂、区域窜货的情况发生，阻碍了公司进一步高端化的升级，导致无论是茅台的利润、营收还是出厂价都在2011年实现对"普五"的全面赶超。2014年，五粮液推进"1+5+N"品牌战略，发展1个高端产品"普五"、5个全国性品牌、N个区域性品牌，精简产品线，聚焦重点单品，2017年又推出五粮液"1+3"高端品牌战略、系列酒品牌"4+4"产品策略……在种种措施之下，其中国浓香型白酒的龙头地位才得到根本的巩固。

2014年，受科幻电影《环太平洋》的感染，魔图精灵创始人、"80后"昌敬感受到了机器人和人工智能所代表的未来的趋势，创办了石头科技，除了对品质的严格把控外，他在服务体系、核心技术上也做了大量投入。作为小米生态链成员，其在米家系列产品大获成功后，推出了"石头"品牌面向中高端市场，数年间销售额急剧增长。2020年2月21日，被誉为"扫地机器人领域的苹果"的石头科技成功登陆科创板。

可以看出，出于规模和风险的考虑，这一时期的很多企业对塑造高端品牌尚有疑虑，常常提出"中高端品牌"的口号。

2015年，地处福建南安的九牧卫浴明确了其"高端卫浴领导者"的品牌定位和"专注高端卫浴"的品牌口号，将过去数年来的品牌升级再度明确化。这家诞生于1990年的企业一直在努力升维，不但扩张产品品类，而且坚定地投资品牌，努力向上。

2015年，国内奶粉市场还在被国外品牌主导。飞鹤董事长冷友斌做出一个重大决策：只专注高端奶粉，砍掉了占其盈利80%的低端产品线，同时加大了广告与销售的投入。2015~2018年，中国飞鹤销售费用率超过30%，最高时达到近37%，结果，这一高端化战略取得了巨大的成功：从

2016 年到 2020 年，飞鹤营收从 37.24 亿元增至 185.92 亿元，CAGR（复合增长率）达到 49.5%，归母净利润从 4.17 亿元增至 74.4 亿元。

与之类似的案例还有总部在江苏无锡的雅迪电动车。2015 年年中，在专业机构的帮助下，雅迪将品牌重新定位为"更高端的电动车"，跳出了价格战与营销战的泥潭。一番迅疾的营销攻势下来，下半年雅迪的中高端车型销量同比增长了 80%。2018 年推出雅迪石墨烯电池；2020 年推出了搭载石墨烯电池的冠能系列；2021 年推出了城市高端品牌"VFLY"。不过，在此过程中，雅迪似乎更偏爱价格战，这使其高端战略更像是"悬挂的羊头"。

2015 年，成立仅一年的小牛电动车推出首款智能锂电电动车"小牛电动 NQi"，以创新设计和技术推动了电动车的智能锂电革命，并引领行业往高端化迈进。2018 年以来，小牛加快新产品的上市步伐，产品矩阵主要有 NQi、MQi、UQi 系列，定位于高端市场，产品最高售价突破 15000 元。同年，小牛进军欧洲市场，海外品牌影响力大幅提升。10 月 19 日，小牛电动正式登陆纳斯达克。这家重新定义了智能城市出行的生活方式品牌公司，从成立到上市仅用了四年时间。

2018 年 5 月，工业和信息化部发布《电动自行车安全技术规范》强制性国家标准，提高了入局电动两轮车市场的门槛（3C 认证），推动了行业优胜劣汰，向规范化、高质量发展。次年 12 月，成立 6 年、注重研发创新的九号公司正式发布其首款智能电动两轮车，凭借智能带来的颠覆性骑行体验，和实用性与辨识度兼具的产品设计，在智能化、高端化领域迅猛成长。2022 年，九号公司实现了 101.24 亿元的营业收入，在 5000 元以上的高端电动两轮车市场中销量排名第一。

可以明显看出，无论是新创品牌，还是升级的高端品牌，都更喜欢速度感，崛起的速度越来越快；同时更兼顾规模，将产品和价格向中端靠近。从好的方面来讲，中国市场足够广阔，消费者对国产品牌的接受度越来越高，这使公司的高端化战略往往能够立竿见影。从不好的方面来讲，许多传统企业反而在技术投入上没有新创品牌的意识、基因和能力，它们往往更擅长于在品牌传播上短平快地创造"认知"。同时，过分地追求速度和规模也会成为这些高端品牌成长过程中的硬伤，影响其在数年后的表现。

但无论如何，越来越多的品牌勇敢地踏上挺进高端的进阶之路，不断向着价值高地奋勇攀登，并形成强烈的成功示范效应，吸引更多企业投身其中，这无疑是一个值得肯定和赞赏的现象。高端品牌建设本来就是在雾中前行，缺乏前车之鉴、一定之规。因此，各个品牌各展其能、各施其法，也构成高端品牌集体前行的丰富而多元的风景。

高端浪潮

改革开放 40 周年的 2018 年，中国面临着日趋复杂的环境和历史性拐点。对于未来，人们的看法开始出现明显的分野：有人感叹"2018 年是过去十年里最差的一年，却可能是未来十年里最好的一年"；也有人摩拳擦掌，对未来消费升级的浪潮满怀信心。

2020 年 7 月，建博会（广州）会展上挤满了来自全国的厂家和商家，不少家居品牌高调宣布进军"高端定制"（以下简称"高定"）。此后，多个品牌迅速跟进，各个展会大张旗鼓地喊出"高定"口号，12 月推出了广州国际高端定制生活方式展览会……建材家居行业的"高定"火了，威法、木里木外、图森等已有规模的高定品牌备受关注，越来越多的企业涌入这一细分赛道。"高定"潮无疑显示出高端市场的空间和价值开始备受重视。

2019 年，特斯拉在上海建设超级工厂，开始了其在中国乃至世界扩张的历程，国内新能源市场遭遇重大冲击。中国品牌迅速调整，尤其是蔚来和理想这两个高端品牌，硬生生顶住了特斯拉猛烈的进攻，股价亦不断攀升。同时，越来越多的资本和汽车企业进入新能源赛道，不但在低价位上充分发挥中国制造的优势，还迅速向高端市场挺进，给特斯拉乃至欧美传统汽车巨头造成冲击。

2020年底，东风汽车正式发布一个高端新能源汽车品牌"岚图"，采用全新战略、全新组织体系、全新商业模式以及全新团队独立运营。2021年1月，由上汽集团、张江高科和阿里巴巴集团联合打造的高端智能纯电动汽车品牌"IM智己"全新诞生；3月，由百度、吉利合资的集度汽车有限公司成立（后吉利退出），将目光瞄向新一代高端智能汽车品牌；4月，吉利旗下品牌"极氪"在上海车展正式对外发布，长城旗下的高端品牌"沙龙"也开始亮相，北汽新能源发布了由华为技术加持的大型高端纯电动车"极狐阿尔法"；11月，长安汽车发布了与宁德时代、华为联合打造的全新电动汽车品牌"阿维塔"；12月，由华为深度参与、与小康赛力斯合作的"问界"品牌诞生，之后不断努力向高端进军；2022年9月，影响力急速攀升的广汽埃安不但启动了自身的高端化进程，而且推出全新高端品牌"Hyper昊铂"，将目光直接盯向百万级高端市场；2023年，比亚迪推出百万高端品牌"仰望"，惊艳了世界……

仅仅数年，中国新能源汽车不但以群狼之术弯道超车，超越德国、日本等汽车制造大国（2022年，仅是比亚迪在销量上就超越了特斯拉），而且开始迅速切入智能汽车赛道、高端品牌赛道，令世界汽车巨头震撼不已。

2019年，已突破万亿元市值的茅台不断刷新着人们的认知：6月，每股价格突破1000元，成为国内首只破千元的股票；9月，市值达1.5万亿元，超过2018年贵州省的GDP。与此同时，飞天茅台的零售价格突破3000元，市场仍然供不应求！2020年7月，贵州茅台市值突破2万亿元大关，2021年2月再度飙升到3万亿元！一飞冲天的茅台不但成为白酒行业效仿的对象，还推动酱酒品类成为投资界的"新宠"。以2020年的数据为例，中国酱香酒以8%的白酒产能占比、26%的白酒销售额占比，竟然拿下了全行业 39.7% 的利润。

在"茅台效应"的引领下，叠加"新国标"颁布与实施等因素，更多酒企踏上了高端化之路。

2019 年 7 月，习酒集团推出定价 1399 元 / 瓶、定位高端酱香产品的君品习酒，历经近 3 年的打造，已然成为一款销量近 30 亿级的超级大单品；2022 年 4 月，营收已超百亿的习酒正式发布高端品牌战略：习酒，大师与时间的杰作——高端酱酒领先。

2014~2021 年，在国窖 1573 等的带动及品牌瘦身战略下，泸州老窖中高档酒营收占酒类营收的比重由 29.65% 提升到 90.12%，公司营收于 2021 年突破 200 亿大关。其中，公司品牌战略由"双品牌、三品系、五大单品"逐步演变成为"双品牌、三品系、大单品"。2020 年 10 月，泸州老窖推出新的战略性高端品牌"高光"，定位于新轻奢主义白酒。

其他知名酒企也在行动。2021 年，汾酒聚集"青花"系列，推动产品高端化；同年，洋河确立了"名酒化、高端化、全国化"的战略打造方向。

其中，酱香势力最受瞩目，以茅台、青花郎、习酒以及后来的钓鱼台、珍酒 30 年、董酒、国台 15 年、金沙摘要等为代表的酱酒系正构成中国白酒行业最具实力的"高端阵容"。

在步入迅速发展阶段的中国香氛市场，2019 年 3 月，成立不足一年的高端品牌"观夏"获得真格基金、北京凯铭风尚网络技术有限公司、IDG资本参投的 A 轮融资。2021 年，观夏的销售额已经超过亿元。同年，另一个高端香氛品牌"闻献"创立，靠着独创的"禅酷 CHANKU"风格和强烈的中国元素迅速出圈，2022 年获得凯辉基金旗下消费共创基金与欧莱雅中国首家投资公司——上海美次方投资有限公司联合领投的数千万元 A+ 轮融资。

香氛天然洋溢着文化特点和情绪价值，加之其强调个性、毛利丰厚，因此拥有打造高端品牌的优渥土壤。受野兽派、观夏、气味图书馆、闻献等品牌成功的鼓舞，2022 年更多富有文艺调性的香氛家居类品牌如"所闻 soulvent""禾止""秘密之门""Nightfall""见山"等诞生，以不同的个性与风格书写着高端品牌的最新实践。

几乎是一夜之间，各行各业都有打着高端旗号的企业：茶叶、扫地机、小家电，甚至连拖把、方便面、袋泡茶都在争抢"高端"赛道。一股高端化浪潮正在中华大地汹涌而起，冲击着各个角落、各个行业，

在高端品牌实验室看来，这一浪潮的背后是天时、地利、人和与商动，可谓历史发展的必然、未来成长的必须。

天时： 2014 年"三个转变"和 2017 年高质量发展理念提出后，在 2021 年得到了强化，被写入党的二十大报告——"高质量发展是全面建设社会主义现代化国家的首要任务"。其中，建设品牌得到了前所未有的重视，被视为"高质量发展的重要特征"。随着政策的明确化，企业在建设高端品牌方面也不再羞羞答答，而是变得旗帜鲜明了。

地利： 自 2008 年以来，国人高端消费开始迸发。仅以奢侈品品牌消费为例，贝恩公司发布的《中国奢侈品市场研究报告》显示，中国消费者已成为世界最大的奢侈品消费群体，购买了全世界 25% 的奢侈品。根据中国商业联合会奢侈品专业委员会及要客研究院提供的数据，到 2021 年，中国人奢侈品总消费额达到 1465 亿美元，接近 1 万亿元人民币。

要知道，这些高端消费还不包括服务、酒店、汽车、酒类、游艇、医疗保健、私人飞机等市场。根据中国商业联合会奢侈品专业委员会及要客研究院 2022 年 11 月发布的《中国高质量消费报告》，中国高质量消费所引领和带动的消费总市场规模在 10 万亿元以上，虽然这一数字在中国社会消费品零售总额中的占比不到 1/4，却造就了超过 70% 的企业利润，个别行业甚至超过 95%。

巨量的中等收入群体是中国高端品牌发展的最佳引力场和孵化器。国家创新与发展战略研究会学术委员会常务副主任、重庆市原市长黄奇帆在一次演讲中指出，到 2035 年，实现中等发达国家目标的中国将有 8 亿中

等收入人群。届时，中国市场将成为全球高品质消费的强大引力场，高端消费大幅回流，新生代加数字化渗透将催生一批高端品牌。

人和：2018 年成为"国潮品牌元年"。这背后是中国的崛起在刚刚踏入社会的"Z 世代"中引发强烈回响。"Z 世代"人群不缺钱（家庭经济基础好）、爱花钱且追求品质与个性。与偏爱国外品牌、国外名字的父辈不同，他们觉得国产品牌并不逊色，且愿意给求新求变的新生品牌以机会。这无疑鼓舞着更多的"老品牌"推出"中国风"，实现品牌焕新与高端升级。

商动：随着改革开放走过 40 多年，各行各业均出现了发展滞缓甚至停止增长的现象，原来的增量市场正演变为存量市场，原来的"水大鱼大"正演变为头部的"马太效应"，市场竞争加剧，行业加速洗牌。这逼着企业必须进入核心能力竞争阶段，实现品牌的高价值化、高端化成为企业的必然需求和现实目标。与此同时，经历了网络经济的十年繁荣，无论是线下实体店还是线上销售均出现增收不增利的现象，甚至陷入亏损，这也使商家呼唤厂家进行品牌升级，将价值竞争摆在首位。

综上所述，目前掀起的高端化浪潮绝非一时一势，而是有着历史的必然、现实的需求和持久的动力。这股浪潮不会因国内外形势受到影响或阻断。展望未来，高端品牌实验室深信将有一批中国的高端品牌实现历史性的崛起，并将在世界舞台上绽放光芒。

PART 02

第二章

重新定义高端品牌

何谓高端品牌

高端品牌的定义

何谓高端品牌？百度百科引用了《管理学大辞典》的定义，即"高端品牌是将高端市场作为目标市场的品牌"，其关键特征为"通过上乘的产品质量与卓越的品牌形象，获得较高的品牌溢价"。国内类似的提法还有"精品品牌""高价值品牌"等。

这里面，高价是其表象，而且具有行业、区域以及圈层的相对性。但价格仍然是重要的表象，因为如果高价值的东西却以低价的方式销售，本质上是违背经济规律的。高端品牌的目标是"获得较高的品牌溢价"，也就是说，其关心的不仅仅是产品的毛利，还有品牌塑造带来的更多溢价。因此，高端品牌产品的定价会关注成本，但更会基于用户和需求，尤其是当供不应求或无竞争对手的时候，企业可以标出更高的价格。

那么，高端品牌包括哪些关键要素呢？如果按照上述的定义就有两个：一是上乘的产品质量，二是卓越的品牌形象。至于较高的品牌溢价，可以将其看作一种自然结果，在某些特殊阶段不必强求。

2023 年中共中央、国务院印发的《质量强国建设纲要》划了三个重点：设计精良、生产精细、服务精心。我们可以认为，这是高端品牌建设初级阶段的三个标准，设计是当前品质之外的重要升级方向，服务则是营造体验的关键环节之一。

在中国，奢侈品品牌更为人们所熟知。其实它也是高端品牌的组成部分，只不过，它的无形价值与有形价值的比值最高，对品牌的形象和溢价部分更为偏重。从经济学意义上，奢侈品实质是一种高档消费，本身并无褒贬之分。在定义上，它被视为超出生存和发展需要的，具有独特、稀缺、珍奇等特点的消费品——国人常把它简化为"非生活必需品"。这显然也是国内品牌很难往奢侈品方向迈进的重大心理障碍，也是这一市场长期被西方品牌霸占、难逢对手的原因之一。

显然，高端品牌不是仅指高端产品，而是有着鲜明的品牌战略和品牌理念的产品。另外，它是一个相对概念，只能将主销产品在相对的市场、与相对的对手进行比较而得出结论。因此，现在所提的高端品牌理应包括奢侈品品牌，区分的只是品牌形象及溢价的强弱。本质上，两者都要考虑产品的独特性、稀缺性和新奇性。

高端品牌实验室认为：高端品牌是企业及其产品在人们心目中形成的"高级感"认知。这种认知当然包括了对产品技术及其品质的信赖和欣赏、对服务的满意和对设计美学的喜爱，更重要的是对品牌所传递出来的情感、信念和精神的认同与共鸣。其中，精神文化带来的共鸣是其品牌溢价的核心。

如果对高端品牌的概念进行延展，总结起来便是高端产品、高端消费、高端市场。

高端产品

高端品牌让产品不局限于物品和价格本身，并赋予其功能价值与情感附加，满足消费者的情感价值需求，以激发消费者的购买欲望，提升高端产品溢价空间。

许多高端产品往往通过独特的细分赛道切入空白市场，让人们以为高端品牌就是品类，就是产品，其实这是一种误解。

一开始，高端产品并未将大众消费者作为主要消费群，因此它在市场定位、消费链路、营销策略上有着极其鲜明的特征。

鉴于发展的阶段性，许多国内企业在高端产品上着力甚多，尤其在产品技术、功能和设计上寻求突破。这虽然是迈向高端品牌的必经阶段，而且产品是品牌的主要附着对象，但必须认识到，高端产品并不等同于高端品牌。高端品牌更强调其认知上的高级感、独特性，更强调消费者的认知价值。

高端消费

高端消费与消费升级的概念有不少契合点，但仍然有较大差别。消费升级分为绝对升级和相对升级：前者指对新产品的第一次购买，例如家用车和健身服务；后者指在已有的消费类目中选择品质更高的商品，同时减少对同类低品质商品的购买，例如购买名牌服饰来代替中低档服饰等。

高端消费几乎都是可选消费，它们往往并非必需，虽然产品提供者所在行业可能属于必需消费品行业。与中低端消费的快速增长更依赖于收入分配改革、城市化、社会保障体系建设和政策刺激不同，高端消费在中国的发展更稳健，成长更迅速，成长确定性也更高。高端消费市场的发展离不开供需双方的成长。从需求面来看，中国已经具备了高端消费发展的基础——稳定、一定规模且不断壮大的富裕人群。

高端市场

按照产品价格或消费者购买能力，市场可分为高端市场和大众市场（见表2-1）。这种分类几乎存在于所有行业中。

表2-1　高端市场和大众市场比较

类型	产品价格	增长潜力	利润率	技术含量	进入壁垒	价格弹性	品牌关注度	售后服务	购物体验	重要市场	渠道深度	铺货率	治理要求
高端市场	较高	大	较高	较高	较高	较大	高	较多	重视	发达地区	大中城市	较高	较高
大众市场	较低	小	较低	较低	较低	较小	较低	较少	一般	多数地区	各类城市	较低	较低

高端市场和大众市场最明显和最主要的区别在于品牌、技术和价格三个方面。高端市场的产品技术含量普遍高于大众市场，高端市场的消费者对品牌的关注程度也远高于大众市场的消费者，这两点构成了高端市场的进入壁垒。很多企业常年在大众市场拼杀，尽管获得了很高的市场份额，但往往伴随着价格战的激烈竞争，企业盈利逐年下降。

市场经常出现一种结构性过剩，即大众市场产品过剩，高端市场产品短缺。目前，在技术含量高的高端市场，许多国内企业由于重视度不够、自身实力有限等因素，往往无法突破技术壁垒，且品牌较为弱势，因此一直无法进入。

高端品牌的分类

高端品牌是相对于大众品牌的概念。每个行业都可以分为高端品牌、中端品牌和低端品牌（后两者统称为"大众品牌"）。

考虑到奢侈品的特殊性，我们将高端品牌划分为奢侈品品牌或顶级高端品牌、高端耐用品品牌、高端日用品品牌、高端服务品牌四类。

第一类，奢侈品品牌或顶级高端品牌。

奢侈品（Luxury）在国际上被定义为"一种超出人们生存与发展需要范围的，具有独特、稀缺、珍奇等特点的消费品"，又称为非生活必需品，代表性品牌如 LV、香奈儿、普拉达、古驰、迪奥、劳力士等。

奢侈品品牌是一个十分特别的高端品牌类型，它超越品类的局限，也超越了耐用品、日用品的局限，成为某种精神的象征，代表着消费者的地位与财富、个性与品位。奢侈品品牌的行业跨度非常广泛，横跨了箱包、服饰、化妆品、手表、钟表、豪华汽车、豪华邮轮、豪华酒店、头等舱、私人飞机、私人游艇、豪华别墅等类别。一个奢侈品品牌往往横跨多个行业的多个品类。

近年来，在奢侈品领域，也有人划分出了重奢（价格高高在上的一线品牌）、轻奢（价格更加合理的二线品牌）等类别，但大体未能超越"高端品牌"的范畴。当然，有些大众品牌以此为噱头试图标出更高的价格，这种情况要排除在外。

第二类，高端耐用品品牌。

高端耐用品是高端耐用消费品的简称。一般来说，汽车、电冰箱、电视机、空调、家具、建材等能够使用一年以上的日用品都属于耐用消费品，品质和价格明显高于同行业的耐用消费品，归属于高端耐用品，代表性品牌有华为、卡萨帝、方太、皇派门窗等。

高端耐用品品牌的客单值普遍较高，十分强调体验，品牌塑造需要通过产品、服务、场景等多元化内容，构建良好的营销生态，形成复合型的消费体验，因此具有品牌溢价高、消费决策链条较长、消费体验差异化程度大且用户黏性高的特点。

第三类，高端日用品品牌。

高端日用品是高端日用生活必需品的简称。日用品是在正常情况下一次或几次使用就被消费掉的有形物品，如文具、纸巾、糖果、牙膏等。尽管其单价普通人也能承受得起，但在同品类中处于高档位价格的日用品日渐受到升级型消费者的青睐，获得消费者长久的忠诚度，代表品牌如茅台、云南白药牙膏、特仑苏、佰草集等。

高端日用品品牌注重打磨差异化竞争优势，通过出众的产品力抢占消费者心智并触发高消费，具有决策容易、同品类选择范围较多、消费者黏性偏低的特点。

第四类，高端服务品牌。

高端服务指金融、物流、信息、旅游、文创等非产品交易类的高端服务产品，如高端银行服务、高端酒店、高端高尔夫会所等，代表品牌如香格里拉酒店、观澜湖高尔夫会所、长安俱乐部等。

相比高端耐用品品牌，高端服务品牌由于提供的不是有形的产品，因此更注重服务、场景、体验的价值，客户关系运营更是重中之重。它们更擅长运用数字化方式经营客户、构建圈层，获取客户的全生命周期价值。

消费者画像

高端消费者

很多时候，人们将高端人群与高端消费者画上等号。事实上，两者有很大的区别。

按照通常标准划分，中等收入人群是年收入在 20 万元以上的个人，高净值人群（富裕阶层）是资产净值在 1000 万元以上的个人。目前在中国，中等收入人群有 2 亿~3 亿人，高净值人群大概有 300 万人，这两类人群被称为"高端人群"，也是高端品牌的主体消费者。

在这两类人群之外，我们也不应该忽视另外一类人群——年轻人群，尤其是刚刚踏入社会不久的"Z 世代"。

在发达国家，奢侈品的主力消费者为 40~70 岁的中老年人；而在中国，大部分则是 40 岁以下的年轻人。这些年轻人中，许多都是白领，有的甚至是"月光族""负债族"，尽管他们的收入水平尚未达到中等收入、富裕的水平，但他们有着超前的消费意识，渴望通过高端品牌来体现自己的独特气质、高雅品位，以赢得周围人的赞同和欣赏。

因此，高端品牌消费者应该包括高净值人群（富裕阶层）、中等收入人群以及高消费意愿的年轻群体。

高净值人群（富裕阶层）

《胡润财富报告》将高端人群等同于高净值人群，这部分人群的资产净值在 1000 万元人民币以上，他们也是金融资产和投资性房产等可投资资产价值较高的社会群体。

招商银行联合贝恩公司发布的《2021 中国私人财富报告》数据显示，2021 年底，中国高净值人群数量约 296 万人，其中广东、上海、北京、江苏、浙江、山东、四川、湖北、福建等省市的高净值人数均突破 10 万人。

报告显示，中国高净值人群的 50% 左右来自 40~50 岁的人群，且以男性为主；40% 的高净值人士拥有硕士及以上或 EMBA 学历。

2022 年 5 月 5 日，要客研究院发布了《2022 中国高净值消费者洞察报告》，它界定的中国高净值消费者的门槛为 1000 万元人民币净资产（扣除负债后的个人净资产，这部分人在消费市场的专有称呼为"要客"，即重要的尊贵的客人），目前中国高净值消费者总数为 470 万人，其中有大约 15 万人净资产超过 1 亿元人民币，这部分人也被称为超高净值消费者，也是本书定义的"财务自由者"。中国高净值消费者的男女比例为 77∶23，男性占主导地位，其中 1995 年以后出生的占比 3%，大约只有 14 万人。

高净值客户的主要类型包括私营业主、金融投资者、房地产投资者和企业高管，其中私营业主占比达到 55%，金融投资者占比为 10%。

经历了利用奢侈品品牌凸显社会地位的阶段后，目前，高净值人群步入以低调、适度消费为主的阶段。他们更加注重生活的品质、自身的身心修养及子女的素质教育。

中等收入人群

根据国家统计局的表述，年收入在 5 万~42 万元，就属于中等收入人群。如果按照这个标准，目前中国已有两三亿人是中等收入人群。

《福布斯》杂志给中国中等收入人群的定义是：生活在城市里、年龄 25~45 岁、大学学历、年收入 1 万~6 万美元。

胡润研究院在发布的《中国新中产圈层白皮书》中，将中等收入人群定义为：除去家庭衣食住行等方面的基本生活消费支出后，仍然有高消费和投资能力的群体。具体标准是：北上广深一线城市家庭年收入在 30 万元以上，其他城市在 20 万元以上，并且拥有的资产达到 300 万元。

《经济学人》杂志对中国中等收入人群进行了清晰的界定：每年收入在人民币 8 万~30 万元的群体。

北京大学中国社会科学调查中心的调查标准非常高：中等收入人群要求月收入 4.5 万元，年薪 50 万元以上，在一线城市有房有车，没有贷款，有 150 万元以上的流动资金。

尽管不同的机构对中等收入人群的定义标准有所不同，但大体来看，中等收入人群是生活较富裕且收入水平、生活水平较稳定的精英社会群体。他们的职业通常是大企业、公营机构、政府部门的中级管理层，或中小型企业主，中学、小学、幼儿园的校长、教师，社工，护士等。

调查显示，近 70% 的中等收入人群认为健康是人生的首要目标。在拥有了稳定的收入和幸福的家庭之后，他们开始关注自己的精神世界，追求新的生活方式。

高消费意愿的年轻群体

在 2021 年中国境内奢侈品市场中，"90 后"的人群占比高达 50%，他们向奢侈品贡献了 46% 的销售收入。

在中国，"90 后"人口总量多达 2.3 亿人，平均每 6 个中国人就有一个"90 后"。目前，他们已经迎来事业发展直线上升的黄金时期。

"90 后"人群敢于花钱，敢于超前消费，普遍注重品质与服务，对新鲜事物充满好奇，追求个性化、多样化以及体验式消费。

不过，值得注意的是，根据 2018 年《中国养老前景调查报告》，我国新一代年轻人（35 岁以下）中，56% 的人暂未开始储蓄；在开始储蓄的 44% 的人中，每人平均每月储蓄仅为 1339 元。

2019 年汇丰银行公布的调查数据显示，中国的"90 后"人均负债达到 12.79 万元。为了买到心仪的高端商品，即使暂时超过预算，他们也会考虑通过花呗、刷信用卡等方式购买。一项调查显示，购买奢侈品的"Z 世代"，其中 2/3 的人由家庭资助，1/3 的人使用的是其个人收入。

消费者分类

高端品牌要实施精准的品牌营销策略，对消费者进行细分是第一步。在过去，人们会根据年龄、性别或收入来定义消费者，现在，高端品牌的消费呈现出了多元化的特征。

中国消费者一度让高端品牌的管理者捉摸不透：他们相当不稳定，要么过度炫耀，要么过度低调。无论是限量生产的跑车、工艺精湛的瑞士手表、私人定制的高级成衣，还是收藏百年的葡萄酒，几乎所有高端商品品类都同时面临这两种极端情况。这是市场发育不成熟所导致的现象。

要深刻洞悉这些消费行为背后的逻辑，需要从他们的价值观、思维方式、消费动机出发，进行重新审视。我们以此为据，将消费者分为以下四类：

知音型消费者

这一群体是高端品牌的重度消费者，是高端产品和品牌调性的知音，也是最有价值的消费者，他们是高端品牌实验室所称的"超级用户"。尽管人人对高端品牌梦寐以求，但是由于后者门槛很高，并非都懂得欣赏它。就像爱马仕（Hermès）的鸵鸟包一样，如果没有人告诉你"爱马仕（Hermès）鸵鸟宝宝"的故事，你就很难体会它是如此珍稀。

这一群体对奢侈品的专业知识如数家珍，比绝大多数人要懂得多。他们对各大品牌有着冷静的思考与理解，更注重品牌的悠久历史、卓越的产品品质以及风格化的私人定制。

知音型消费者具有强大的购买能力，但绝不盲从。比如，美国说唱歌手"50 美分"〔50 Cent，原名柯蒂斯·詹姆斯·杰克逊三世（Curtis James Jackson Ⅲ）〕曾要求劳斯莱斯为他设计一款敞篷汽车。这类人群不在乎价格，却在乎品牌能否与自己相匹配。他们是所有高端品牌都想争抢的消费者，但一般而言，他们很少征询别人的意见，因为自己就是专家。知音型消费者非常低调，因为他们不需要这些高端品牌为自己增分，在他们眼中，这些高端品牌和其他日常消费品差不多。高端品牌应该将他们作为核心用户，以赢得他们的认同、喜爱、忠诚和口碑为己任。

社交型消费者

这一群体是高端品牌的"热爱级"消费者。社交型消费者带有强烈的圈层意识，他们关注高端品牌的身份符号特征和融入圈子所带来的内心满足，渴望借此来获得圈层的认可。因此，他们非常在意周围人的看法，如果别人投以艳羡的目光，就会心生愉悦。因此，他们对那些 LOGO（标识）显眼的高端品牌情有独钟。

虽然这看起来有些张扬，但社交型消费者并不是盲目的消费者。他们会思考：什么品牌能更加吸引人们的注意？什么样的款式更加流行？但他们并不了解品牌的历史与特性；购买决策经常被"人有我必须有"的心态所左右。因而，他们是一群既理性思考又跟随别人脚步的消费者。

犒赏型消费者

这一群体是高端品牌的"入门级"消费者。相比前两类消费者，他们虽然更加年轻，社会阅历并不那么丰富，但是却非常懂得自我关爱与奖赏。他们对高端品牌有着独特的见解，非常清楚自己想要什么样的品牌与风格。他们不会人云亦云，而去盲目购买。

犒赏型消费者对千篇一律的传统经典款式并没有太强烈的感觉，反而对个性十足的高端品牌青睐有加。这个极富个性的群体，相当一部分是 Z 世代。

他们虽然没有顶级的收入，却有明确的消费主张与购买计划。他们会事先做足功课，无论是资金的准备，还是信息的收集，都会在网上做研究甚至比价。最终决策的时候，他们非常笃信自己的选择，而且很少向朋友征询意见。他们更愿意把钱花在鞋、化妆品上。同时，他们也是二手奢侈品、入门级奢侈品的消费生力军。

实用型消费者

这一群体是高端品牌的偶尔消费者，他们年龄偏长，性格相对保守。他们不是时尚潮流的追逐者，很少因为品牌、品质、设计、风格而付出高溢价，他们更看重功能的实用性。他们对高端品牌抱有谨慎态度，甚至是否定的态度。可是如果某个高端品牌在性价比上有着不可比拟的优势，他们会毫不犹豫地购买。因此，他们大多出现在"大减价""大甩卖"的场合里，并且是成群结队而来。

在媒体上，我们经常看到大妈抢购黄金首饰的新闻。这帮大妈就是典型的实用型消费者。她们十分理性，但一旦被说服，却能爆发出惊人的购买力。

实用型消费者对高端品牌的历史、品质、工艺、材质并不十分清楚，可是如果让他们感觉物有所值，他们花起钱来毫不手软。一旦做了决定，他们的忠诚度非常高。

值得注意的是，处于金字塔尖的超高端消费者，凭借专长和知识形成了一种独特的品位，他们已不再青睐知名品牌，而是转向了鲜有人知的小众高端品牌——它们几乎不为人知，只有特定的人群才懂得欣赏，但这并不妨碍它们是这个世界上最好的品牌。超高端消费者会在感兴趣的特定领域发现最好的品牌，并进行个性化的私人定制。比如，他们会收藏某些不知名画家的画、聘请全球最有才华的独立设计师量身定制衣服等。

不同群体的消费倾向

高净值人群

显然，高净值人群由于消费能力强，是高端品牌的核心目标人群。他们的消费倾向很大程度上决定着高端品牌未来的发展走向。

美国运通公司发布的《中国内地高净值人群高端生活方式白皮书》当年预计，2021 年高净值人群人均年消费额约 220 万元，按消费总量排序，前五大消费场景依次为高端购物、旅行、高端餐饮、大健康以及亲子教育。

胡润研究院发布的《高净值人群价值观及生活方式研究报告 2022》显示，高净值人群开始不再单一地执着于大牌、名牌等奢侈品消费体验，而是通过"在诸多消费类别中感受富有文化内涵的手工艺或定制化服务"享受消费的乐趣。

在消费理念上，高净值人群更偏好购买"全新（81%）""高品质高性能（74%）""其他人没有（72%）"的产品。由于多种原因（如展现谦逊、无需奢侈品凸显自身价值等），部分高净值人群对传统奢侈品品牌的关注与消费欲有所减退，个性化、多元化的消费趋势逐渐显现。

随着新国货崛起，高净值人群对中国产品的印象已经大为改观。在对中国、日本、韩国、德国四国的产品印象上，超过 50% 的受访者认为中国品牌"性价比高"；40% 的受访者认同中国品牌的"价格合理"及"有口皆碑"；超过 40% 的受访者认为德国及日本品牌"技术先进"；41% 的受访者认为韩国品牌"有个性、有特点"。

2023 年 3 月发布的《2023 胡润至尚优品——中国高净值人群品牌倾

向报告》（以下简称《胡润报告》）调研了750位高净值人士，其中亿元资产以上超高净值人士38人。该报告揭示了高净值人士的生活方式、消费习惯和品牌认知的转变与偏好。以下是其部分内容摘要：

高净值人群在未来三年计划增加的消费中，健康保健、孩子教育、旅游、奢侈品分列前四。在未来三年计划增加的奢侈品消费中，珠宝、手表、服饰、汽车分列前四。30岁以下受访者在珠宝、服装和配饰方面的消费需求更强。此外，42%的受访者会选购二手奢侈品，其中腕表珠宝、手袋配饰是常选购的类型。

彰显身份是高净值人群消费高端品牌的重要动机。日常需求（59%）、彰显身份（58%）和追求时尚（57%）是高净值人群购买高端品牌的主要动机。其中，超高净值人群购买高端品牌的主要动机是追求时尚（77%）、彰显身份（64%）、日常需求（59%）和送礼需求（59%）。从性别差异来看，更多男性认为高端品牌可以彰显其身份。

高品质是高净值人群选购高端品牌的首要考量。高品质（72%）、品牌知名度（65%）、时髦的设计（56%）和贴心的服务（55%）是高净值人群选购高端品牌的主要原则。其中，超高净值人群更加注重高品质（87%）、品牌知名度（64%）以及贴心的服务（64%）。

环保理念是高端品牌获得高净值人群的关键所在。支持环境保护（68%）、引领健康的生活方式（63%）、支持教育公平（54%）和倡导性别平等（54%）最能增加高净值人群对于品牌的好感。30岁以下受访者更加关注倡导性别平等，30岁以上受访者认为支持教育公平，关注扶贫、养老、医疗等民生问题更为重要。

送礼是中国高净值人群消费的重要驱动力。手表、电子产品、高端白酒、红酒、服装是馈赠给男士礼物的首选。此外，洋酒、艺术品、配饰、烟/雪茄、保健品、有机食品与旅游产品也是常用的送礼之物。馈赠给女士的礼物，按青睐程度依次为化妆品、珠宝、配饰、服装、旅游产品、电子产品、手表、艺术品、礼品卡/优惠券、有机食品等。

旅游是高净值人群最青睐的娱乐方式。旅游（12%）是高净值人群最青睐的娱乐方式之一，三亚（55%）依旧是最受青睐的国内旅游目的地，连续十年排名第一。未来三年最想尝试的活动是房车旅游（15%），其次是冲浪（13%）、滑翔伞（11%）。其中，单身人群更青睐冲浪和蹦极，已婚人群更青睐房车旅游。

洋酒是高净值人群最爱的酒类。红酒（20%）、威士忌（16%）、白酒（10%）和香槟（10%）是最受青睐的酒类前三名。超高净值人群更青睐白兰地。从性别差异看，更多男性青睐精酿啤酒，更多女性青睐香槟。

绿茶是高净值人群的最爱。绿茶（22%）、红茶（21%）最受高净值人群青睐，仅有3%的受访者表示不喝茶。茶叶的种类、产地和口碑是他们选购茶叶时最看重的。

宠物是高净值人群的伴侣。80%的受访者表示爱好养宠物。狗（60%）依旧是高净值人群最青睐的宠物，猫（37%）排在第二。平均在每只宠物上的开销达每年8200元。

珠宝翡翠是高净值人群最青睐的收藏品。92%的高净值人群有收藏习惯，珠宝翡翠（55%）、名表（49%）、中国书画（44%）是高净值人群最青睐的三大收藏品，较上年上升28%。名表（49%）增加23%，排名升至第二，中国书画（44%）增加20%，排名保持第三。此外，收藏古典家具、西画雕塑和瓷杂的比例均有所提升，尤其是古典家具的收藏热情上涨了19%。

中等收入群体

作为高端品牌最具动能的中坚势力，中等收入群体消费习惯的细微变迁深度左右着高端品牌的动向。他们在中高端消费趋势中扮演着潮流风向标的角色，愿意接触新鲜事物，寻求更好的感官体验，追求高品质和健康时尚的生活方式。

吴晓波频道推出的《新中产白皮书》显示，无论是哪个城市的中等收入群体，最受他们关注的商品服务属性是品质、节约时间和性价比，其次才是个性化、品牌知名度、线下体验、外观包装等。这意味着这一群体越来越趋向于理性消费。中等收入群体在拼多多的渗透率达到51.1%，超越了京东，由此可见一斑。

新节俭主义是新中等收入群体的消费风尚，其内涵在于在不降低生活品质的基础上，对金钱、空间、时间进行更优化配置。基于金钱的节俭，具有本土文化元素、高颜值、高品质、高性价比的新国货大受青睐；基于空间的节俭，带火了二手闲置平台；基于时间的节俭，催生了洗碗机、扫地机器人、早餐机等新产品。

因此，新中等收入群体的消费显得精明而专业。随着消费者对产品的介入程度加深，许多品牌在技术、包装、性价比上不断精进，而且体现出了精湛、专业的工匠精神。

同时，他们是高科技产品的尝鲜者，从早些年的马桶盖、电饭锅、戴森吹风机再到扫地机器人、洗碗机，这些爆款产品的消费主力军皆是中等收入群体。

《新中产人群消费趋势报告》的数据显示，实用理性成为中等收入群体的主流消费观，性价比与品质同样重要。72%的中等收入群体认为产品实用最重要，只买自己真正需要的东西。其中，二线城市、男性中等收入群体更看重产品实用性。同时，80%的中等收入群体向往精致、有品位的生活方式，42%的中等收入群体希望日常消费充满仪式感，如买花、喝下午茶。

个性设计与经典设计同样受到中等收入群体人群喜爱。70%的中等收入群体喜欢小众、有个性风格的设计，80%的中等收入群体喜欢经过时间磨砺、永久永恒的经典设计。

中等收入群体的护肤品消费价格具有较强一致性，化妆品／护肤品的单价主要集中在每月350~500元，但在衣服等产品的消费上差异较大，收入高的人群在衣服上每月的支出为1500~2000元。

体检、保健品消费成为中等收入群体最常见的自我投资消费品种。43% 的人群进行体检、购买保健品。其中，女性、35~40 岁、恋爱未婚、非一线城市的中等收入群体更注重保健品消费。

"90 后"中等收入群体的超前消费行为较少，但近半数存在冲动消费行为。67% 的"90 后"都不会超前消费，但仍有 47% 的"90 后"控制不住自己的冲动消费。

唯品会发布的《中产女性消费报告》显示，中等收入群体女性具有较高的经济资本，超四成的收入年增长率达 20%，但在最受关注的消费因素中，"性价比"以 46.6% 的占比排在首位；第二位是"品质"，占比达 46.3%。显然，理性的消费文化已经形成，中等收入群体女性对品质、性价比的敏感度将越来越高。

经过高收入人群的"理性消费"示范后，中等收入群体人群很容易被高端品牌的价格策略打动。数据显示，有 82.2% 的小城市中等收入群体女性表示，一、二线城市消费流行趋势帮助她们了解了更多的新品牌。

随着一、二线城市消费市场日趋饱和、互联网流量红利逐渐衰减，未来的增长动力逐渐从一、二线城市转移到了三线及以下城市，而消费市场的主要发言权也渐渐从精英阶层转移到了中等收入群体这一更为广泛的人群身上。

"Z 世代"

"Z 世代"也称"网生代""互联网世代"，通常指 1995~2009 年出生的一代人。他们一出生就与网络信息时代无缝对接，受数字信息技术、即时通信设备、智能手机产品等影响较大。国家统计局数据显示，目前，国内"Z 世代"人群超过 2.6 亿人，约占总人口的 20%。

电通中国发布的《2022 解码 Z 世代》报告显示，2021 年，在去中心化的中国市场，"Z 世代"人群撬动的消费支出预计达 4.9 万亿元，"90 后"

"95后""00后"在潮流市场的消费规模占比达到八成。

相对于炫酷的广告、超低的折扣，"Z世代"更喜欢凭借自己的内心喜好来挑选产品，用"质价比"替代"性价比"，成为"精明消费""专家消费"的代名词。天猫数据显示，"Z世代"浏览的品牌多为重奢，而购买则以轻奢品牌为主。简约、绿色、环保的时尚消费观已经被越来越多的"Z世代"所认同。

北京腾云天下科技有限公司（TalkingData）发布的《2021新消费人群报告》中的数据显示，超过86%的人购买过"国潮品牌"，"Z世代"更关注产品质量，反映出对中国制造的认可；在对待网红产品上，"Z世代"更为理智，"想打卡所有网红食品"的人仅占4.8%。

由和桥机构、智慧图研究院联合出品的《2021年Z世代消费报告》显示，45.6%的年轻人倾向于购买"绿色环保产品"，42.4%的年轻人愿意选择"具备多功能用途的产品"。同时，"Z世代"消费更加理性，更加注重性价比与健康，很乐意花费时间和精力、用最少的成本去挖掘最好的价值与服务。

第一财经商业数据中心（CBNData）发布的《Z世代消费态度洞察报告》显示，"95后"对整体养生产品偏好度明显上升，便捷、即食类滋补养生产品的消费规模逐年增加；"低糖饮食"的呼声高涨；更加青睐零食化和饮品化的药食同源产品；同时，带来惊喜的盲盒零食成为新零食潮流。同时，"懒系"产品增速达到82%，免拆洗空调、洗烘一体机、烹饪机等懒人家务神器广受欢迎，高颜值厨房小家电消费占比也在持续增加。"95后"群体喜欢跨界联名的服装、运动鞋等商品。在跨界联名商品消费偏好度TOP10品牌中，国货品牌占7个，并以运动品牌尤为突出。

21世纪高品质消费研究院的研究调查指出，对年轻的"Z世代"而言，奢侈品消费已褪去"身份和金钱"的象征，更多的是进入消费者日常生活。整体来看，"日常使用（42.4%）"是"Z世代"最看重的奢侈品使用场景，这从近年来高价小家电赛道的崛起可见一斑。

超过 2/3 的受访者指出，奢侈品品牌最吸引自己的地方是"产品设计（72.35%）"，其次是"材料质感（63.13%）"，他们在挑选奢侈品时更倾向于选择经典款式。

从消费品类来看，香水、化妆品成为"Z 世代"最舍得"掏腰包"的奢侈品类，占到受访总人数的 36.87%；其次是鞋包皮具类，占总人数的25.35%。

对奢侈品，年轻消费者仍保持理性与清醒，79.72% 的受访者一年当中仅会购买 3 次及以下；且有 76.92% 的"Z 世代"表示购买奢侈品的价格区间稳定在 3000 元以下。

在获取资讯渠道上，75.80% 的女性通过小红书等社交平台了解奢侈品品牌和流行趋势；相比之下，男性消费者更看重品牌官网（55%）和线下商场（55%）。

近三成（27.19%）的"Z 世代"认为流量明星作为奢侈品代言人将折损品牌形象，认为流量明星提升品牌好感度的占比仅为 16.59%。有趣的是，女性消费者在这一方面比男性更"苛刻"，认为流量明星有利于奢侈品品牌好感度的女性仅占 15.92%，而男性的比例为 18.33%。

由罗德传播集团与精确市场研究中心联合发布的《2021 中国奢华品报告》显示，在高端餐饮和高端旅游方面，"Z 世代"消费者明显比年长的受访者更依赖 KOL（意见领袖）的推荐。对于明星，"Z 世代"更青睐日本、韩国、欧洲、美国明星，喜好程度明显高于中国港台地区明星。

消费升级与高端趋势

按照南开大学教授朱磊的分析，中国消费市场一直在升级，并且经历了以下四个阶段：

1978~1992 年：消费市场从短缺到温饱型转变。人们开始追求更高档的餐饮，也对时髦的服装开始产生购买行为，消费者追求更好质量和更健康的基本消费品，主要在衣、食领域。

1992~2008年：消费市场向舒适型转变。冰箱、洗衣机、彩电、家具建材等成为消费新潮。"老三件"和"新三件"分别形成消费风潮，家用电器等高档耐用消费品的普及率迅速上升，商品房和汽车开始成为两大消费支柱，带动消费者生活质量的提升。

2008~2018年：消费市场从舒适型向富裕型转变。旅游、教育、医疗健康等消费开始强劲增长，购买高品质商品、海外购等现象越来越普遍，在满足了基本的生活物质需求的基础上，发展型、享受型消费者的比重不断攀升，娱乐、文化及旅游等消费在规模和品质上有了大幅提升。

2018年至今：消费市场向数字型转变。大量的商品消费和服务消费从线下向线上迁移，线上消费比重不断攀升，且不断进行场景创新和业态创新。与此同时，数字文化娱乐服务受到推崇，新技术、新产业、新业态、新模式不断涌现。消费者越来越多地参与上游的原创设计和需求定制，小众消费越来越被重视。随着信息资源的介入和生产能力的大幅提升，消费者的个性化需求得到更多满足，个性化消费方兴未艾。

随着四次消费升级，人们对高端消费品的认知发生了巨大的变化。二十年前，体现个人财富、高知名度、高价格的产品是高端人群的最爱。现在，越来越多的消费者选择独具魅力的个性化产品。他们认为，品牌是否契合自己的价值取向、产品是否满足个性与需求是最为重要的两个因素。尤其是，年轻的精英人群更注重产品与品牌代表的设计美学和品牌文化。一些不同于传统意义的消费品已成为他们的偏好，如限量球鞋、潮玩、潮流艺术作品等。

在众多消费场景中，高端人群对"家"的期待越来越高。他们认为，家的功能诉求是复合的，他们更愿意减少空置卧室的数量，增加健身房、茶室、家庭影吧等满足自身兴趣的个性化空间。在装修上，他们更倾向于整装定制、拎包入住、一站式装修；在购买家电产品时，他们更多地考虑如何将家电与家居风格融为一体。因此，套系化、集成化的家电产品备受青睐。

同时，家是非常私密的生活空间。高端人群在购买家电、家具产品时，会重点考虑健康、质量和设计等因素。

此外，年青一代消费者更加追求精神享受。定制旅游、精品酒店的兴起，充分地说明了这一点。相较于跟团游、自由行，年轻人更注重旅途中的特别体验，因此，高品质酒店、风格化民宿在中国如雨后春笋般兴起。

根据《中国菁英人群品质生活白皮书》的调查，随着自我意识逐步增强，新一代精英人群在奢侈品消费上，更看重产品的独特设计美学，以凸显独一无二的个人思想表达。

在品牌信息的获取上，微信、小红书、抖音及微博等新型的互联网媒体是主要平台。其中，年轻人与女性消费者更偏爱小红书和抖音。社交媒体的勃兴改变了人们的消费习惯，越来越多的消费者习惯在线上研究、线下购买，例如在购买家居产品时，他们会先在抖音、小红书等平台上寻找优秀室内设计案例作为参考。因此，线上内容与体验日益成为品牌体验的重要组成部分。

在社交媒体上，高端品牌的口碑受关键意见领袖（KOL）、关键意见消费者（KOC）的影响较大。他们可能是美妆达人、美食博主、全职宝妈、玩车专家，他们在各自的专业领域具有一定的影响力。许多高端品牌往往愿意借助他们的力量，触达潜在消费群体，促进销售的达成。

在新的变局之下，高端品牌应在每一个品牌接触点上与消费者做好连接，通过完美的品牌体验，满足消费者个性化的需求。

PART 03

第 三 章

中 国 品 牌 营 销 简 史

1978~1982 年：意识启蒙

经济复苏

1978 年，党的十一届三中全会召开，国家的工作重心开始从"以阶级斗争为纲"转移到"以经济建设为中心"上来。一个伟大的时代就此拉开序幕。

以个体户、专业户为代表的私营企业从夹缝中开始崛起，星星之火开始燎原。与此同时，拥有了一定自主权的国企在不断摸索中，具备了初步的市场意识和竞争意识。随着摆摊经营的逐渐放开，以武汉汉正街、温州柳市为代表的小商品市场开始成行成市，初具规模。

票证配给制度逐步取消后，消费者可自由选择商品及服务。由于商品短缺，市场上基本上是生产多少、销售多少，许多商品面临着供不应求的局面。压抑了很久的中国人民爆发出了惊人的消费力，市场迅速扩大并繁荣。

1981 年 1 月，为了防止经济过热，国务院两次紧急发文"打击投机倒把"。经过一年多的调整，1982 年党的十二大提出"计划经济为主、市场调节为辅"原则，进一步明确了"市场"的地位。

在这场史无前例的社会变革中，企业破天荒地拥有了一定的经营自主权，一些先知先觉的有识之士开始萌发品牌意识，走上波澜起伏的创业之路。

服务启蒙

1978 年，刚满 60 岁的劳模营业员张秉贵，堪称服务营销的启蒙者，他所服务的北京百货大楼的糖果柜台常常排起长龙。

他有两个绝活："一抓准"和"一口清"。所谓"一抓准"，指张秉贵一把就能抓准分量；"一口清"指他非常神奇的算账速度——顾客要买多少的话音刚落，他就报出了应交的钱数。

此外，张秉贵也善于研究顾客购物心理，总结出了"接一、问二、联系三"的售货法：在接待第一个顾客时，便问第二个顾客买什么，同时和第三个顾客打好招呼，做好准备。

张师傅在问、拿、称、包、算、收六个环节上不断摸索，将接待一个顾客的时间从三四分钟减为一分钟。他还注意研究顾客的不同爱好和购买动机，揣摩他们的心理。张秉贵从清晨开门接待第一个顾客，到晚上送走最后一个顾客，自始至终都能春风满面、笑容可掬。

张秉贵对于服务的理解，可能只是停留在"为人民服务"的概念上，但不可否认的是，这些做法十分超前，为服务营销树立了标杆。许多年过去了，张秉贵的服务营销理念依然没有过时。

广告觉醒

1978 年后，广告陆续出现，为品牌的萌芽提供了充足的养分。

1979 年 1 月 4 日，《天津日报》登出了一则"天津牙膏主要产品介绍"的广告，四款牙膏产品的介绍诉求明确、卖点突出，一时间引起巨大轰动。此后，广告作为营销的重要手段，被大量使用。

3 月 15 日，雷达表的广告出现在上海《文汇报》上，三天内到上海黄浦区商场询问这个品牌手表的消费者就超过了 700 人。虽然雷达表正式进入中国市场是在三年之后，但广告造成的饥饿效应，为品牌带来了极高的溢价。随后，奥林巴斯光学仪器、精工牌石英电子手表、美能达照相机也开始在《文汇报》上做广告，而且一做就是一整版。

电视广告更是企业投放广告的重点。1979 年 1 月 28 日，一条 "参桂补酒" 的电视广告正式播放，参桂补酒因此成为改革开放后第一个吃螃蟹的企业。3 月 9 日晚上，上海电视台在转播国际女子篮球比赛的间隙播出了一则 "幸福可乐" 广告，正式向世人宣告国产可乐的诞生。

1979 年 7 月 18 日，《人民日报》头版刊登了十川写的《一条广告的启示》，文章总结道："利用市场经济，作一些补充调剂，只会有好处。" 11 月，中宣部发出《关于报纸、广播、电视台刊登和播放外国商品广告的通知》，提出 "调动各方面的积极因素更好地开展外商广告业务"。这表明广告作为重要的经营手段，受到了政府的认可。

这一年，以广东省广告有限公司、北京广告公司为代表的面向本土的广告公司陆续成立，重点发展面向企业的广告业务。到 1981 年，我国的广告营业额便达到了 1.18 亿元。

中国企业正是靠着广告与消费者建立了初步的联系，而广告在销量上带来的巨大好处，让企业开始意识到品牌的重要性。

策划萌芽

1981 年 4 月 1 日到 9 月 16 日，南京新街口百货商店的橱窗里三台蝙蝠牌电扇日夜运转，橱窗里有一行小字："从 4 月 1 日起开始运转，请您算一算，到今天共运转了多少小时？" 孰料，这句话引起巨大的轰动，短短两个月的时间，蝙蝠牌就占了新街口所有电风扇销量的九成。

《新华日报》专门报道了这三台蝙蝠牌电风扇的故事。此后，蝙蝠牌电风扇陆续在各地举办类似的活动，获得的媒体报道就达 200 多篇。

这起成功的事件营销，让企业意识到了策划的威力。不少厂家开始聘请专家做顾问。

生产雪花牌电冰箱的北京电冰箱厂聘请了张宣三、金观涛和陈元等四位经济学家做顾问。专家认为冰箱属于贵重商品，过去主要是集团购买，电冰箱要走入家庭，成本必须降下来。专家的到来让北京电冰箱厂的效益大幅提升，1981 年，每台电冰箱成本降低了 20 元。

哈尔滨铅笔厂请来了日本专家，为天坛牌铅笔做诊断。日本专家把天坛牌铅笔和上海的长城牌铅笔除掉商标后进行盲测。统计分析表明，天坛牌铅笔的图案美观，木质也好，使用前受到消费者欢迎，但是铅芯滑度、硬度都不如长城牌，使用后对消费者的吸引力大大降低。这种科学的诊断方式令哈尔滨铅笔厂赞叹不已。

1981 年，时任民建中央常委、调研部部长李文杰撰文提到"经济咨询服务大有可为"。

1983～1992 年：产品时代

下海弄潮

1984 年，党的十二届三中全会通过了《关于经济体制改革的决定》，首次明确了"社会主义商品经济"。随之，第一波"下海潮""经商潮"席卷而来。

这个阶段，一大批体制内的人纷纷下海，开始了波澜壮阔的创业之旅，以王石、张瑞敏、柳传志、潘宁为代表的企业家开始起步并逐渐走向舞台的中央。

不过，风头最劲的，莫过于"傻子瓜子"创始人年广久。彼时，无数农民不甘于"面朝黄土背朝天"，开始了副业的经营，由此涌现出了一批"万元户"，年广久就是其中代表。年广久靠诚信经营的"傻子精神"与粒大好吃的"傻子瓜子"打响了名号，赚到了百万元，成为那个时代的传奇人物。

与此同时，在温州等地，大量的家庭工业与专业市场涌现，私营经济迅猛成长，行业"大王"脱颖而出。

1989年，政府开启了为期三年的经济整顿，企业从野蛮生长逐渐过渡到有序经营阶段。

营销萌芽

在"时间就是金钱、效率就是生命"理念的指导下，企业的生产力得到了进一步提升。随着人民收入的增加、消费结构的变化，商品经济实现了高速的发展。20世纪80年代中期，短缺经济现象得到有效缓解，但局部出现了盲目投资、商品过剩的情况。

为了占领市场、赢得竞争，企业不得不改变过去只抓生产不搞销售的状况，开始直接与市场发生联系，自己"找米下锅"，自谋出路。随即推销观念应运而生，推销员开始"满天飞"。

1988年，出于对通货膨胀的恐惧，"抢购风"席卷全国，从"三大件"（电视、洗衣机、电冰箱）开始，然后波及几乎所有的行业。这阵风刮过之后，又经历了1989年的相对萧条期，库存积压严重。"顾客就是上帝"观念的提出，标志着市场营销观念的萌芽。

随着宝洁、麦当劳、IBM等全球性品牌进入中国，企业的竞争意识和危机感不断增强。朴素的推销观念逐步转向市场营销观念，促进了早期品牌的觉醒和形成。

销售之变

从产品短缺到产品过剩的十年时间，供求关系发生了巨大的逆转。在这个阶段，生产、采购、销售的界限不再模糊，销售工作的重要性日益凸显。

过去，大部分工厂只知道生产，销售主要靠会展，销售人才极为稀缺，销售部门并不健全。此时，单靠秋季广交会来等客上门，已满足不了需求。将生产出来的商品推销出去，被越来越多的工厂当作主要任务来抓。

1982 年以前，上海变压器厂是典型的"坐商"，经销科只有 2 名销售人员。意识到市场变化之后，经销科的人数增加到 12 人，并被要求主动走出去，做市场调查、走访用户。在一年多的时间里，该厂经销科收集了3000 多份用户档案，70 多份行业档案，创造了 3 个月把一个省的销售额扩大 4 倍的佳绩。

上海针织十四厂更进了一步，设置了专门的经营副厂长，并明确了经营组的核心任务：一是以最快的速度收集市场信息；二是大力宣传新产品，缩短新产品的"介绍期"；三是严格履行合约，准时交货；四是千方百计为客户做好各种服务工作。

企业界开始了对销售职能的探索。不少企业推出"一长三师"（厂长与总经济师、总工程师、总会计师）制，在"一长"的领导下，"三师"分别负责经销、技术、财务三个方面的工作。也有企业推出"一室六部"——经营决策办公室与经营销售部、技术开发部、产品制造部、质量保证部、人事教育部、后勤事务部。

由于社会上的销售人才极为稀少，一些有识之士提出大专院校可参照国外的先进教材，增设销售学、广告学、市场预测学、心理学等课程，聘请有销售经验的职工当教师、经济学专家当指导。

产品魔方

尽管 4P 营销的理念早已风靡全球，但在 20 世纪 80 年代的中国，产品（Product）仍是最重要的营销要素。

1983 年，在产品营销上，没有谁比海盐衬衫总厂的步鑫生走得更远。他意识到，长期依靠别人包销，完全听凭人家的安排，企业永远没有出路。于是，他集中精力进行产品的研发，成立了专门的"衬衫研究所"，从事新品种设计和试制工作。

在海盐衬衫厂，供销员的主要工作是做市场调查，出差时观察哪种颜色、哪种衣型最受人们的欢迎，回厂后，还要填写市场信息调查表。他还派人常驻上海，设计一些新款式的衬衫去上海试销，然后从中挑选出最畅销的品种成批投入市场。有一次，步鑫生在上海看到一款黑底红花的衬衫颇受女青年的欢迎，他马上让工厂赶制。这款被称为"黑牡丹"的女式衬衫很快就流行全国各大城市。

在产品研发上，李经纬率领的广东三水健力宝饮料厂更是其中的典范。健力宝开创了运动饮料的先河，有着"东方魔水"的美誉。日本《朝日新闻》曾这样报道："可以说，喝上一口这种魔水，精力就马上充沛了。今后世界各国将竭力分析这种妙药的成分，在体育饮料方面完全可能发生一场革命……"

产品散发的魔力，不仅源自对时尚潮流的深入洞察，更来自独一无二的产品定位。在这方面，步鑫生与李经纬堪称当时的典范。

品牌启蒙

经过数年的市场培育，中国人的消费习惯与消费结构发生了巨大的改变。"老三样"（自行车、手表、缝纫机）被"新三样"（电视机、电冰箱、洗衣机）所替代，成为富裕家庭的标准配置。1984 年，中国电视机的销量呈现出了指数级增长，"高档"的家用电器供不应求，到处都是买难卖难的局面。一些名牌产品不仅需要"凭票购买"，甚至还需要昼夜排队。日本《东京新闻》把这叫作"名牌货前的长蛇阵"。

在全国轻工系统定点厂电冰箱展销会上，为了买到广州冰箱厂的万宝牌冰箱，2000 多人在前一天晚上七八点钟就排起了队。为了维持秩序，公安部门甚至出动了 120 名警察。报道称，当时广州冰箱厂收到的订单，起码得生产 20 年。

由于流通渠道与价格体系跟不上，人们有钱也很难买到名牌商品。一些省份把二级批发站下放到了市一级。广州走在全国的前面，逐步取消了限价，鼓励国营、集体与个人兴办商业。1984 年，广州市内的商业网点陡然增至 4 万多个，相比 1979 年增加了 1 倍。

名牌效应显现，流通变得滞后，意外造成了名牌商品的饥饿效应。在供不应求之下，品牌的价值开始逐渐为企业界所关注，虽然当时他们更多将品牌等同于商标注册或知名度。

"价格战"

在改革开放之前，商品实行凭票销售，价格由国家统一制定。随着市场的放开，定价权逐渐回归到企业手中。面对瞬息万变的市场环境和日趋激烈的市场竞争，许多企业开始利用价格武器来获得优势地位。

早在 1979 年，贵州一家名叫永江仪表厂的小厂开始了"价格战"的尝试。由于汽车仪表长期滞销，厂长别出心裁地在《贵州日报》刊登了一个退款广告：凡过去买的永江电表价格高于现行零售价格的，工厂一律退款。结果，6 万人退款，但与此同时，订货者蜂拥而至。1982 年该厂又率先在行业内发起价格战，一下子打开了产品销路。企业当年利润达到 137 万元。

20 世纪 80 年代末，为抑制通货膨胀，中国经济进入整顿时期。彩电消费开始降温，彩电工厂库存积压严重。1989 年 8 月，为了消化库存，长虹彩电率先发起价格战，每台降价 350 元。此举一出，长虹积压的 20 万台彩电一扫而空。随后，其他彩电企业加入团战，几年间屡试不爽，中国彩电行业的价格战就此拉开序幕。

客观地说，在同质化竞争的市场上，"价格战"是一个有效的竞争策略，但发动"价格战"，不仅需要企业具备雄厚的实力，而且必须一战而胜，否则就会陷入价格战的泥潭中无法翻身。不少曾经名噪一时的彩电品牌，因为价格战而元气大伤，最终消失在历史的长河里。

公关破冰

1983 年，健力宝率先设立公关部。厂长李经纬认为，国家有外交部，企业应该有公关部。他把公共关系总结为"五个一工程"：一支枪、一支笔、一张嘴、一个队、一张网。"一支枪"是指电视记者的摄像机；"一支笔"是指作家和记者；"一张嘴"是广播电视播音员；"一个队"则包括技术、体育队、艺术队以及健力宝的经营管理团队；而"一张网"则是整个健力宝的经营网。

"五个一工程"不仅是健力宝的公关"基本法"，也是健力宝的营销制胜之道。1984 年，健力宝不仅赞助了中国奥运军团，更是成为当红的中国女排国际性比赛指定饮料。从次年开始，健力宝更成为中国 13 支代表队的运动员专用饮料。仅这一项投入，比 1984 年健力宝一半的利润还要多。

1984 年，广州白云山制药厂也成立了公关部，成为第一家吃螃蟹的国企。《经济日报》刊载了专门介绍其公共关系工作的文章，称为"如虎添翼"。

1985 年，有用户向海尔反映冰箱存在质量问题。海尔公司对全厂冰箱进行了检查，发现库存的 76 台冰箱外观有划痕等小问题。张瑞敏震怒，做了一个令众人瞠目结舌的决定：当众抡大锤砸毁冰箱，相关领导负责人也包括他自己扣除当月工资。"砸冰箱"事件不但砸出了海尔的质量意识，也砸出了海尔的美名。

这一年，看到公关带来的巨大价值，一位名叫杜孟的 25 岁法国小伙子创办了中国历史上第一家公关公司——中法公关公司。随后博雅公关进入中国，公共关系开始与新闻发布会深度结合。

公关第一，广告第二。越来越多的企业意识到，公关不仅是广告的重要补充，更能带来以小博大的营销效果。

营销觉醒

1983 年，中国政府制定了改革开放后的第一部《商标法》，明确了对于商标的保护，标志着我国品牌的发展进入新阶段。随后，许多企业逐渐摆脱直白的广告宣传，开始注重品牌形象的打造，并产生了大量的成功案例。

1984 年，健力宝开始锁定体育营销，依托奥运会、女排世锦赛一炮走红，开创体育营销先河；威力洗衣机以"献给妈妈的爱"为情感营销主线，引发无数人的共鸣；青岛双星鞋业举办中国企业的首个新闻发布会，引来媒体争相报道；1988 年，太阳神全面引进 CI（Corporate Identity，企业形象识别系统），引发全国的 CI 热潮；1989 年，三九胃泰请演员李默然做形象代言人，名人营销就此揭开序幕……

这些创新之举，在中国品牌史上留下了浓墨重彩的一笔。

外资入局

改革开放以来，外资纷纷进入，为了迅速抢占中国市场，外资品牌采取了广告先行、塑造形象的策略。它们不急于短期内达成销售，而是将广告视为一种长期投资的资产。

随着外国商品广告日益放开，大量制作精良、创意突出的外商品牌广告在电视台播放。中国企业的品牌意识逐渐被唤醒。

1982年，"车到山前必有路，有路必有丰田车"的电视广告，让丰田汽车名声大噪、家喻户晓。而三年只见广告、不见产品的西铁城手表，更是为中国品牌上了一堂生动的营销课。

外资品牌的入局，不仅给中国企业带来了先进的营销理念，也带来了科学的管理思想。1987年11月12日，北京前门的肯德基餐厅正式开业，虽然餐厅售卖的品种稀少，价格昂贵，但流水线的餐厅作业、细致入微的管理体系让中国企业大开眼界。老百姓争相排队购买肯德基快餐的现象更是令人震撼不已。

丰田汽车与肯德基如此深入人心，让越来越多的中国企业意识到品牌文化的重要性。

产业集群

在政府"无形的手"的引导下，中国产业经济的集群效应日渐显现。

20世纪80年代早期，国内的商品流通体系并未完全开放，商业网点的布局仍旧在地方政府的掌控之下。相比外地品牌，当地品牌可以获得地方政府更多的扶持。久而久之，一些沿海发达地区形成了产业集群。

作为对外开放的前沿阵地，广东较早地学习外来先进的管理经验，承接了港澳地区的产业转移，由此形成了家电、服装、食品饮料、家具、日化等产业集群。尤其在家电行业，广东拥有明显的先发优势，美的、科龙、格力、万家乐、康宝、万和等知名品牌皆诞生于此。

此外，浙江温州、福建晋江则形成了服装服饰产业集群；浙江宁波、湖北武汉形成了小商品批发集群。这些产业集群不仅有着完善的上下游供应链，而且拥有实力强大的龙头型企业，为当地带来骄傲与自豪。

1993~2002 年：名牌战略

品牌觉醒

1992 年是一个具有特别意义的年份。这一年，邓小平"南方谈话"以及随后召开的党的十四大确立了建立社会主义市场经济体制的改革目标，社会各界发展经济的热情高涨。

一大批体制内官员、知识分子纷纷下海，掀起了第二波创业浪潮。期间，涌现出了以陈东升、冯仑、俞敏洪、朱新礼等为代表的"92 派"企业家群体，继续推动着中国经济的高速增长。与此同时，外资企业大规模进入中国市场。

随着市场主体迅速增加，卖方市场逐步向买方市场转变，市场竞争日趋激烈。与此同时，"三板斧"、"一招鲜"、盲目扩张等非理性营销行为不断涌现，不少品牌因此昙花一现、快速陨落。

此时，品牌竞争步入新的阶段。经过"土洋大战"、行业洗牌后，中国品牌格局初步定鼎。在该阶段，外国品牌、合资品牌、民族品牌之间的市场竞争相互交错、相互影响。受国外先进营销理论的影响，中国品牌由此进入名牌战略的新时代。

名牌战略

1992 年 1 月，邓小平"南方谈话"时指出："我们应该有自己的拳头产品，创出我们中国自己的品牌，否则就要受人欺负。"在邓小平讲话精神的直接推动下，"名牌"成为当时的高频词汇。

1992 年，新闻界和国家主管部门联合评选出"中国十大驰名商标"，社会舆论开始强烈关注名牌。1993 年，一些地方政府提出了"名牌工程"，制定了名牌扶持与奖励办法。1994 年，一些省份推出本省的第一批名牌产品。这一年，"仕奇"西装登广告向海外品牌提出的质量挑战活动更是激励了中国企业品牌意识的新觉醒，燃起了全国企业打造名牌的热情。

1996 年，国务院颁布了《质量振兴纲要》，明确指出要"实施名牌发展战略，振兴民族工业"。这也是国家首次在政府文件里正式提出名牌战略。在政府的大力推动和企业发展的深层次需求下，名牌战略在企业界蔚然成风。

微利时代

20 世纪 90 年代，由于产能过剩，再加上"海外军团"的大举抢滩登陆，中国市场成了世界上竞争最激烈的市场之一。彼时，中国企业尚未积蓄足够的市场创新能力，只能以最原始、最初级的价格竞争手段争夺市场，由此引发了价格战的白热化，甚至恶性竞争。

长虹彩电率先在家电行业发起价格战，格兰仕连续几次降价，爱多发动 VCD 价格战，上海桑塔纳 2000 型吹响汽车产业价格战号角，鄂尔多斯集团在羊绒制品行业率先大幅度降价……价格战在各行业此起彼伏：一方面，企业通过价格战来消化库存；另一方面，进一步清洗竞争对手，确立竞争优势。

此时的市场格局呈现不稳定状态。价格战使企业的损益情况各不相同，有的市场份额增大，有的减少，有的可能被挤出了市场。

当产品更新换代周期不断缩短，同类产品的差异性越来越小，降价的空间越来越有限时，产品创新的重要性便日益凸显。以海尔为代表的品牌企业，将产品研发、市场调研、消费者行为研究融入企业整体发展战略之中，其市场竞争的武器不再只是价格，而是产品研发。可见，加强产品研发才是脱离低端竞争的有效手段。

广告依赖

在该阶段，中国企业对营销工具的运用有一种迷恋的倾向，尤其对广告高度依赖。

许多企业不惜重金聘请明星代言，齐聚央视投放广告，打造产品品牌，其中最典型的是汪明荃代言的万家乐燃气热水器，刘晓庆代言的 TCL 王牌彩电，刘德华、周润发代言的奥妮洗发水，成龙代言的小霸王学习机及爱多 VCD，李连杰代言的步步高 VCD，巩俐代言的美的空调，等等。

企业对广告的盲目推崇，引发了中央电视台广告"标王"争霸现象。20 世纪 90 年代初，电视超越报纸成为第一大媒体，中央电视台更是传播中的制高点。1994 年开始，央视决定对黄金资源段位实行招标政策。

孔府宴、秦池、爱多等本来名不见经传的"标王"相继登场，并于夺冠当年创造了销售奇迹。然而，由于广告投入过大、产品供应不足等原因，这些"标王"匆匆落幕。鉴于争议过大，1999 年央视淡化"标王"概念，"标王"从此退出历史舞台。

在"标王"的启发之下，越来越多的品牌试图通过广告的狂轰滥炸来创造新的销售奇迹，其中以飞龙、三株、脑白金、哈药集团等医药保健品品牌最为典型。但是，这些一掷亿金、风光无限的品牌，最终难逃衰败的命运。

企业热衷单纯的广告战，与它们大多缺少技术研发能力、缺乏核心竞争力密切相关。报道称，哈药在盖中盖、严迪两个品牌上的广告投放高达好几亿元，但在研发上的投入才几百万元。这种重广告、轻研发的短期行为，给两个品牌的长期发展埋下了巨大的隐患。如今，这两个品牌辉煌难再。

品牌延伸

20世纪90年代，随着实力的增强，一些知名品牌开启了品牌延伸和多元化经营之路。

1993~1998年，实行多元化经营的上市公司数量由31家增加到55家，平均起来，多元化程度的DR值由24.1%上升到40.9%，涉及的行业也从11个增加到17个。

太阳神在一年内上马了石油、房地产、化妆品、电脑、酒店等20多个项目，投入资金高达3.4亿元。然而，盲目的多元化非但没有找到新的利润增长点，还削弱了本身的竞争优势，最后导致血本无归。

爱多在VCD无利可图、欠下巨额债务、内部产生信心危机时开展多元化经营，连续创办了六个子公司。因管理混乱和财务运行不稳定，爱多商标在2000年被拍卖，一代"标王"就此陨落。

在20世纪90年代中后期，春都先后以1.6亿元控股了24家非相关企业，但其中半数以上亏损或倒闭，出现了消化不良的症状，结果给竞争对手双汇以可乘之机。

虽然多元化经营不乏成功的案例，但失败者是大多数。品牌延伸与多元化经营未能带来协同效应，反而酿成各种苦果。

职能变革

20世纪90年代中后期，市场部正式在一些企业内诞生。这标志着我国企业品牌营销向前迈出了一大步。

1994年，上海轻工系统率先建设市场营销机构。组建了市场部的上海轻工企业，1996年平均产销率达到97.5%，高于全市工业系统的平均水平。

1997年底，上海市销售收入1亿元以上的企业中已经有80%建立了市场部。珠三角地区的容声、华宝、万家乐、美的、康宝、格兰仕、万和、神州、广东北电、华润特变、震德、金德等知名企业也都是设立市场部的先锋代表。

整合营销

在外资品牌的示范效应下，中国企业的品牌策略也在不断升级。农夫山泉提出了"农夫山泉有点甜"的广告语，而乐百氏则强化了"27 层净化"的广告口号；喜之郎果冻和白加黑则运用了品牌定位的策略；孔府家酒"叫人想家"灵活运用了品牌形象策略；科龙则在世纪之交开始了"整合营销传播"的运用。

国际化的品牌传播也在这一时期正式开启。三九集团在美国时代广场竖起了"999 药业"广告牌，这是中国企业首次将品牌广告做到海外。

服务品牌

20 世纪 90 年代中后期，由于名牌概念过于泛化，企业界和学术界开始使用"品牌"一词。服务作为产品的重要延伸，逐渐走上品牌化的道路。

1993 年，海尔提出了"真诚到永远"的品牌理念，此后该理念的内涵不断升级，陆续推出无搬动服务、三免服务、先设计后安装服务等一系列服务模式。

1998 年，海尔又在全国首推星级连锁服务，在全国建立起包括 1000 多家海尔空调星级服务站、3000 多个特约安装单位，遍布全国二、三级市场的庞大服务网络。

随后，一些家电企业陆续提出了自己的服务理念，如小天鹅的"全心全意"理念、新飞的"绿色通道"、荣事达的"红地毯服务"、科龙的"银色快车"、春兰的"金牌服务"等。

头部效应

经过多年的竞争和发展，行业集中度进一步提高，头部品牌的市场份额持续扩大。

1999 年，我国家电市场前十大品牌的市场集中度均超过 70%；牙膏、合成洗衣粉、香皂、美容护肤品十大品牌的市场占有率均超过 75%；清洁剂十大品牌的市场占有率超过 60%。

在家电市场，本土品牌占据了绝对优势。一半的彩电市场份额集中在长虹、康佳、TCL 三大品牌，近一半的空调市场份额由春兰、海尔、美的瓜分，六成以上的电冰箱销量由海尔、容声、新飞占领，近 70% 的洗衣机市场被小天鹅、海尔和荣事达分享。

在服装市场，国产品牌也渐渐处于主导地位，男式衬衫、羊毛衫、羊绒衫、保暖内衣、皮衣市场的综合占有率排前三位的均为国产品牌。

在化妆品护肤品市场中，国产、合资、进口品牌分别占据 40%、30%、30% 的市场份额，一些国产著名品牌已经初步形成品牌优势，拥有稳定的市场份额。

"土""洋"博弈

在"以市场换技术"战略指引下，中外品牌走向合资之路，但未曾预料到的是，大多本土品牌的最终命运是被雪藏：在日化行业，小护士、露美、美加净被庄臣"打入冷宫"，海飞丝、飘柔、潘婷取代了洁花；在食品饮料行业，屈臣氏、大磨坊取代了益民；在照相机行业，尼康、奥林巴斯取代了长城、华光、珠江等品牌；在家电行业，三星取代了北京品牌，飞利浦替代了孔雀品牌。

在海外市场上，外资还对我国知名品牌进行商标抢注。1995 年前，在海外被人注册在先的我国著名商标达 300 余件，其中在澳大利亚被抢注的有 150 多件，在日本有 100 多件，在印度有 50 多件。

狗不理、同仁堂、海信、联想、青岛啤酒、竹叶青酒、英雄金币、永久自行车、天坛蚊香……被抢注的商标涉及多个行业，且不乏具有悠久历史的老字号。

由于英文商标 Legend 在多个国家被人抢注，2004 年，一直想走国际化路线的联想不得不耗费巨资换标，用"Lenovo"代替"Legend"。

为了应对外资品牌的强大竞争，中国品牌除了拿起价格武器之外，民族情感成为有效的竞争手段：长虹喊出"以民族昌盛为己任，献给你——长虹红太阳"口号；海尔则大声宣告"海尔，中国造"；一汽集团打出了"我们的红旗，中国人的红旗"的旗号；娃哈哈推出"中国人自己的可乐——娃哈哈非常可乐"；南风集团则喊出了"中国人，奇强"的品牌口号。

2003~2012 年：企业出海

终端为王

面对宝洁、达能等外资品牌的广告攻势，一批本土消费品品牌选择扎根终端，对市场进行精耕细作，由此站稳了脚跟，建立了自己的根据地。娃哈哈、丝宝集团为其中的典型。

20 世纪 90 年代中后期，迫于市场回款压力，娃哈哈开始构建"联合销售体"（以下简称"联销体"）。进入 21 世纪，娃哈哈依靠联销体的数十万个终端，迅速成为饮料市场上的领军者。面对达能这样强悍的竞争对手，娃哈哈丝毫不惧。

在一、二线市场，丝宝集团通过终端拦截建立了自己的核心竞争力，旗下的舒蕾成为了新一代洗发水之王。丝宝集团旗帜鲜明地提出"终端为王"的口号,并将数以万计的舒蕾推销员置于各大商超终端,通过终端拦截获取了大量的用户。它在宝洁、联合利华等巨头的夹攻之下异军突起,成为少数能在一、二线城市与外资抗衡的洗发水品牌。

"渠道制胜、终端为王"成为那个时期最为响亮的营销口号。直到现在,这也是很多中国品牌与外资品牌竞争时的最大优势所在。

零售变局

2002 年以后,家乐福、欧尚、沃尔玛、百安居等外资企业相继进入。它们主攻大型综合或专业超市,在中国零售市场"跑马圈地"。

在竞争最为激烈的高端市场,外资所控制的份额占到 50% 以上。

与此同时,在直面消费者的零售环节,除了百货商店、超级市场,还出现了便利店、专卖店、综合性连锁、家电类连锁、网上订购等多种业态。

在传统的经济结构中,厂家处于相对强势的地位,但随着超级终端浮出水面,厂家的地位发生逆转。例如,在家电行业,国美、苏宁拥有强大的话语权,一些家电企业甚至需要按照它们的订单来生产;在泛家居行业,百安居、红星美凯龙、居然之家成为厂家的必争之地。

这些超级终端离消费者最近,掌握着用户的数据,记录着消费的行为。这令它们拥有了与格力、美的等家电龙头企业叫板的底气。厂家与渠道的关系,更多地表现为一种竞合关系,利益博弈进入新阶段。

网络营销

世纪之交,中国诞生了一批互联网企业,从此产业经济进入大变局时代,以百度、阿里巴巴、腾讯为代表的互联网新贵,在资本的追捧及政府的扶持下迅速成长为巨人,从而带动了品牌营销的新风向。

2001 年，3721 公司推出了网络实名服务，改变了国人的上网习惯。当年便有 25 万家企业使用了该服务。随着搜狐、新浪等门户网站的兴起，中国品牌在网络上投放的广告越来越多。

经过多年摸索后，2004 年，电子商务重新焕发出勃勃生机。阿里巴巴、易趣的出现，为无数中小企业提供了新的销售渠道。

随后，百度、Google、Yahoo 纷纷加入搜索营销战局；土豆网、优酷网等视频网站发力视频营销；携程、艺龙等在线旅游网站发力旅游营销；分众传媒、亿动传媒等新媒介也相继应运而生。

这些以互联网为载体的营销平台，多年后再看，是有史以来最大的营销创新，也是多年后品牌营销最重要的阵地。

体育营销

"标王"陨落之后，来自晋江的多个体育品牌成为央视的广告大户，央视五套也因此被人戏称为"晋江体育台"。安踏、特步、鸿星尔克、361°、匹克、雅客、德尔惠等晋江系品牌因此快速脱颖而出，成为中国品牌史上的一道亮丽风景线。

除了投放央视广告之外，晋江系品牌充分利用重大体育赛事的社会影响力进行品牌传播，在奥运会、亚运会、NBA、CBA、世界杯足球赛等重大赛事，都能见到晋江品牌的身影。

不过，2008 年北京奥运会的最大品牌赢家是李宁。后者靠着一系列整合营销传播活动，获得了比赞助商阿迪达斯更好的营销效果。

尤其是 2008 年 8 月 8 日晚，李宁手持火炬腾空而起，绕着鸟巢边缘飞奔一圈，吸引了全球几十亿人的目光。同时，李宁公司赞助了中国体操队和射击队，以及瑞典、西班牙、苏丹和阿根廷等国运动员的服装，为央视奥运频道的所有栏目及赛事节目的主持人和出镜记者提供服装、鞋及配件。此外，李宁还实行了一系列以"英雄"为主题的线下活动，助推传播升级。

其间央视市场研究公司的一项调查显示，在运动品牌中，37.4% 的被调查者认为李宁是北京奥运会赞助商，只有 22.8% 的人选择了阿迪达斯。

娱乐风潮

大型的公共事件成为中国品牌的绝佳舞台。除了神舟五号、世博会等举世瞩目的重大事件外，像"超级女声"等全民选秀活动，也成为品牌营销的关注焦点。

2005 年，蒙牛另辟蹊径，联手湖南卫视共同打造选秀节目"超级女声"，同时聘请首届"超级女声"季军张含韵为品牌代言人，专门定做了广告曲《酸酸甜甜就是我》，并同时启动全国营销计划。

该节目的超高收视率令许多人始料不及，蒙牛酸酸乳销量激增，其品牌第一提及率跃升为 18.3%，超过主要竞争对手伊利优酸乳 3.8 个百分点。蒙牛因此快速成长为国内仅次于伊利的第二乳企。

相较于过去的广告轰炸、活动赞助，蒙牛将娱乐营销玩出了新的高度。它将新品发布、促销活动、品牌代言、线下推广、线上广告、渠道激励等整合在一起，打出了一套新意十足、联动协同的营销组合拳。

在蒙牛的带动下，娱乐营销成为消费品品牌营销的一把利器。

创意传播

互联网的兴起，为品牌营销培育了新的土壤。2009 年微博的出现，令每个人都拥有了自己的发声平台。"凡客体"文案、杜蕾斯创意的出现，让品牌营销开始更加注重创意的表现。

2010 年，陈年创办的凡客诚品推出了一组以韩寒、王珞丹为代言人的海报，"爱 ××，爱 ××，我不是 ××，我是 ××，我是凡客"的文体随即火爆微博。2000 多张凡客体图片在社交网络疯传，几乎所有知名明星都曾被凡客体群嘲。在这场网络狂欢中，凡客成为最大的赢家，几乎一夜之间成为家喻户晓的互联网快时尚品牌。

2011 年 2 月，安全套品牌杜蕾斯开通新浪微博，开始了"蹭热点"之旅。每逢新闻热点，杜蕾斯都会通过联想丰富的内涵文案以及创意十足的海报来表达自己的观点。久而久之，杜蕾斯形成了独特的"有点土、有点坏"的品牌人格，被粉丝亲切地称为"小杜杜"。

社交媒体爆发出了巨大的能量。品牌营销逐渐从电视台广告轰炸、门户网站头条广告向人格化的社交广告过渡。一批极具个性与特色的新品牌因此而崛起。

品牌出海

加入 WTO 后，国内企业的习惯性思路大多数是防御、抵抗和面对压力。面对日益激烈的国内市场，出海突破成为了一个必然的选项。

随着品牌实力大增，一部分领先的企业开始了国际化征程。它们不仅将产品销往海外，而且通过并购重组的方式深度参与其中。

2002 年，TCL 掀开了品牌出海的大幕。这一年，TCL 以 820 万美元收购施耐德，次年又投入巨资成立合资公司 TCL- 汤姆逊电子。随后，联想在 2004 年以 12.5 亿美元收购 IBM 个人电脑和笔记本业务，上演了"蛇吞象"的并购大戏。2010 年，吉利汽车收购著名汽车品牌沃尔沃，向高端市场挺进。

中国本土通信设备制造商华为走得更远。它更注重技术而非规模，在世界各地并购技术领先的中小企业，并在当地设立研发机构。通过前瞻性的布局，华为在 4G、5G 等领域获得了领先的地位。

2010 年，中国 GDP 总额突破 40 万亿元，成功超越日本成为世界第二大经济体；同时，中国也超越美国成为世界第一的制造大国，成为名副其实的"世界工厂"。

在全球化进程中，中国品牌开始崭露头角，也为更多企业树立了榜样。不过，在21世纪最初十年，中国品牌出海的例子仍屈指可数，大多数企业以进行生产资料购买、争取海外委托加工订单为主。

2013~2022年：高端进击

消费升级

从2013年开始，中国加速进入消费升级的通道。随着居民消费增长与GDP增长差距不断持平，恩格尔系数持续降低，消费增长已成为经济增长的主要支撑。

随着互联网技术不断成熟，电子商务日渐普及，科技创新不断涌现，新兴消费业态迅猛发展。"80后""90后"等追求个性化生活、有较高教育、文化、娱乐需求的人群走上舞台中央，消费升级拥有了坚实的基础。

如今，以住宅家居、汽车、IT通信、医疗保健、旅游、教育、娱乐、文化为代表的产业快速发展，带动了新一轮的经济增长。在这些行业中，一大批高端品牌涌现，为消费升级提供了强大的推动力。

高端突破

长期以来，物美价廉的中国品牌优势一直局限在低端市场，高端市场则是外资品牌的天下。经过40多年的发展，中国品牌积极依靠技术升级、产品创新、并购重组等方式进行高端化探索，并取得了显著的成效。

早在 2006 年，海尔就意识到品牌迈向高端的价值和迫切性，开始了勇敢的探索，推出了自主高端品牌卡萨帝。此后，它不断加大产品创新、技术研发和工业设计力度，经过十年的建设，卡萨帝率先实现了家电行业的高端突破。

在技术升级方面，华为早期通过整合创新，快速拓展市场，不断夯实地基。后来，华为通过在全球建立实验室树立了技术领军者形象。现在，华为成为中国高端手机的代表。

吉利汽车则走了一条不同的打造高端品牌之路。首先，它通过收购沃尔沃，掌握高端汽车制造的核心技术，进一步夯实平台技术能力；其次，在沃尔沃平台架构基础上，推出自主高端汽车品牌领克。

还有一些品牌通过不断调整产品结构、加大品牌营销力度，成功实现高端化升级。青岛啤酒就是典型例子，它借由 NBA 赛事、奥运会带来的历史契机，为品牌注入激情与梦想，不断优化产品结构，最终成长为中国较为高端的啤酒品牌。

可见，高端升级的道路并非只有一条。核心在于，企业要不断夯实和强化自己的核心竞争力，坚持长期主义经营路线。

数字转型

人工智能、大数据、云计算等前沿科技的不断普及，正驱动传统产业加快数字化转型。

数字化转型涵盖企业经营管理的各个层面：在销售前端，企业可通过数字化实现个性化定制，为消费者带来独一无二的体验；在研发端，企业可通过消费者的各种数据，精准研发出满足消费者需求的商品；在生产端，企业可通过工业机器人，降低生产成本，提高生产效率，实现多品种、小批量的柔性化生产。

例如，慕思利用数字化技术，为消费者量身定制"健康睡眠系统"。

该系统不仅能自动调节以紧密贴合用户身体的各个部位，还能实时监控用户的睡眠状态。同时，用户数据传导到生产后端，工业机器人可以实现个性化生产。可见，慕思的"健康睡眠系统"不是停留在概念层面，而是实实在在的个性化产品与服务。

在数字化方面，华为更是通过自主研发的鸿蒙操作系统，将华为产品连接成为物联生态系统，实现了互联互通。这种软硬件结合、生态联动的产品，给用户带来了新奇的体验与无限的想象空间。

数字化在产品上的应用，大大增强了产品的附加值；而数字化在渠道上的应用，则为消费者提供了独特、高效的购物体验。数字化已成为中国品牌进阶升级的必然路径。

科技驱动

科技是第一生产力，对国家如此，对品牌也是如此。技术是品牌高端化的根基，因此企业要着力进行科研投入，使中国涌现出一批技术实力强劲的高端品牌。

2022年卡塔尔世界杯足球赛上，中国彩电品牌海信自信地打出了"中国第一，世界第二"的口号，令全球观众侧目。

过去，不管是在CRT时代还是在液晶时代，国内彩电企业一直处于跟随状态，尤其是高端显示技术方面一直被日本、韩国企业主导。从十几年前开始，海信相继开展国产电视芯片、激光电视和ULED技术的研发，打破电视高端显示技术由国外垄断的局面，逐渐掌握了核心技术的话语权。

近年来，海信持续将产品向高端转型、产业链向高技术延伸、产业架构向高科技转移，在集成电路、新型显示、虚拟现实、人工智能、轨道交通装备、智慧医疗等战略性新兴产业和未来产业领域重点突破，已率先实现转型升级。

日本的经验告诉我们，制造业达到一定水平后，只要坚守好高端产品、做好高端制造业和高端品牌，前景必然更加广阔美好。

文化价值

当下，中国处在一个商品丰盈的时代，产品之间的功能相差无几，决定品牌核心竞争力的唯有文化。品牌的文化内涵越深厚，其个性与形象就越鲜明，生命力就越长久。

贵州茅台酒就是典型的例子。历史悠久的酿造文化、不可复制的地理文化、精益求精的匠人文化、美妙无穷的品饮文化、见证友谊的外交文化等共同构成了茅台"独树一帜"的品牌内涵。可以说，深厚的文化成就了茅台高端白酒第一的地位。

纵观全球，经历百年而不衰的品牌屡见不鲜。岁月的沉淀并没有让品牌失色、老化，反而因为被赋予了深厚的文化内涵而不断新生，再度迈向辉煌。

高端厨电品牌方太通过儒学治企，不断向员工灌输儒家文化。每天每个部门的员工要在固定的时间读儒家经典，从《弟子规》到《三字经》再到《论语》……多年来从不间断。独特的儒家文化，不仅增强了企业的凝聚力，也为品牌注入了强大的灵魂。如今，方太在高端厨电领域的地位一骑绝尘，长期的高端品牌建设带来业绩的高速增长。

文化不是用来标榜的，它是有别于其他品牌的"DNA"，会对整个品牌的利益攸关方产生潜移默化的影响。如今，越来越多的中国品牌开始重视文化的力量，以此为基础打造企业的核心竞争力。

跨界融合

在新一轮消费升级中，与住宅高度相关的泛家居产业得以高速发展，其中以定制家居的发展最为突出。

尚品宅配的前身是方圆软件，主要为家具和装修设计。跨界转型为定制家居之后，尚品宅配打破了传统家居企业的思维局限，瞄准体验式、情景式这两个痛点，走出了一条 C2B 与 O2O 相结合的数据驱动运营之路。

2012 年，随着家具消费向功能化、个性化发展，定制家居需求快速释放。在接下来的五年里，定制家居增速显著高于家具制造业。此后，地产商、家装公司、家电企业纷纷跨界入局，进入定制赛道。

定制家居的到来，给泛家居产业带来巨大影响。消费者的一站式购买、拎包式入住的需求，使许多产业的边界日渐模糊。这对厂家的资源整合能力和整体交付能力提出了更高的要求。过去，泛家居厂家专注做好一类产品即可，但现在需要整合多个品类统一交付。

因此，家电、家具、建材、厨卫等多个行业相互跨界，纷纷进入全屋定制领域，并催生了一批新品牌。

相较于 20 世纪 90 年代的多元化，此次跨界融合不仅有着高度的行业相关性，而且是围绕消费者的核心需求展开。

一致体验

随着电子商务基础设施不断完善，线上线下的界限被打破。直播带货、到家业务、平台销售、社群团购等一系列应接不暇的新名词背后，体现的是线上线下全渠道融合的大趋势。将传统零售与数字化科技相结合，为消费者提供线上线下全场景、全渠道深度融合的全新购物体验，也成为高端品牌必须面对的课题。

在汽车行业，以蔚来为代表的新能源汽车品牌颠覆了传统汽车行业的 4S 店业态。同特斯拉一样，蔚来汽车从诞生之日起便放弃了传统 4S 店的渠道模式，自营自建了线上线下的销售服务系统，打造出以追求用户体验为核心的新零售模式。

蔚来汽车 App 是连接用户群体与蔚来产品的关键节点所在。用户可以通过 App 享受看车、购车、售后、预约体验、查询充电换电网点、社交交友等服务。而线下服务体系除了体验试驾外，更多地承接了线上的活动。这种线上线下相结合的全方位服务体系，让年轻的蔚来迅速出圈。

如今，蔚来汽车的新零售模式正在被越来越多的汽车品牌所采用，并扩展到许多传统行业。

国牌崛起

经过多年发展，中国品牌不仅具备了与外资品牌抗衡的能力，也对外资品牌形成了强势挤压。

近两年，一些"老"品牌因创新而再度出圈，成为新国潮的代表。其背后的逻辑在于，它们洞悉了年轻人的喜好，用他们听得懂的语言与之打成一片。

更为重要的是，越来越多的国人（尤其是年轻人）开始相信中国品牌，推崇中国品牌。

2017 年，在阿里巴巴零售平台的 16 大消费品中，国内品牌的市场占有率超过 71%，其中，家具、建筑装潢、家居日用、大家电四个大类占据 80% 以上的市场份额。凯度与贝恩咨询的综合数据显示，2017 年，在 26 个快消品品类中，国内品牌贡献了 98% 的增长额，外资品牌销售额仅增长 0.4%。

在一些外资品牌的优势领域，本土品牌也同样具备了相当的竞争力。如在豪华车领域，蔚来、理想等汽车"新势力"，利用新能源汽车弯道超车，增长势头不容小觑。

成绩固然可喜，但我们必须承认，相较于海外品牌，本土品牌仍存在巨大的差距，尤其在国际上的认知度仍然偏低。在 2017 年、2018 年的《中国品牌出海年度报告》中，中国品牌的海外知名度仅有 10%~15%；只有 8% 的海外消费者考虑买中国品牌；认为中国品牌值得信赖的只有 9%。

改变海外消费者的固有印象，需要中国品牌坚持不懈地追求先进技术和卓越品质，深深地融入当地，提供高品质的服务，进行有效的品牌沟通，然后再用时间证明中国品牌确实值得信赖。

这注定不会是一次短暂的旅途，但只要胸中有使命和信念，必然有抵达的一天。

PART 04

第四章

时代召唤高端品牌

中国高端品牌，崛起正当时

1978 年开启的改革开放，同时掀开了中国品牌发展史的序幕。

经过四十多年的发展，中国正在从制造大国向品牌大国大踏步挺进。在许多领域，中国本土品牌不仅拥有了与外资品牌"掰手腕"的能力，而且不断占领高端市场，取得了不俗的成绩。

如果将中国品牌的发展史分为上下两卷，2002 年是一个分水岭；如果将中国高端品牌的历史划分为两个阶段，2012 年前后则呈现明显的分野。

2002 年之前，中国品牌处于野蛮生长、激情燃烧的青葱岁月。尤其是20 世纪 90 年代，中国品牌在家电和 IT 等行业表现优异，面对跨国巨头的整体优势丝毫不惧，展现出了快速的成长性和极强的韧性，成为中国经济的一抹亮色。

随着加入 WTO，2002 年中国融入轰轰烈烈的全球化进程，中国经济开始了两位数的高速增长，企业拥有了全球化的视野，但同时也面临着如下问题：一些企业沉湎于全球化的红利不能自拔，一些企业在高速发展的国家经济中随波逐流、发展壮大；只有少数企业受到刺激，开始对品牌有了更强烈的自觉。2008 年国际金融危机之后，外贸型企业受到沉重打击，一些热衷于 OEM 生意的企业开始转向自主品牌。

随着经济危机的效应持续深化、自主品牌意识的觉醒，已晋升为世界第二大经济体的中国购买力旺盛，消费升级趋势日益明显。2012 年前后，很多企业踏上了高端之旅。建设高端品牌不再是少数企业家的孤勇之旅，而变成更多企业的奋勇争先。

数十年来，许多品牌从无到有、从小到大，飞速发展，不但占据国内市场的主流，而且一些杰出者已经成长为全球 500 强的跨国公司。其中，近十年来，高端品牌的成长也进入了快车道，不但有茅台、同仁堂这样的传统巨头，还有华为手机、卡萨帝这样的科技实力派。而且，后者赢得了全球竞争，这些杰出品牌和高端品牌成为中国崛起的象征和支撑。

国外著名的高端品牌大部分都经历了数十年的发展，有的甚至超过百年。为什么中国在短短的一二十年时间里，就能创造出这样蜚声中外的高端品牌？仔细分析会发现，这绝非靠天上掉馅饼的运气，而是经济发展的必须，是企业发展到一定阶段的必然，更是部分先行者的奋发作为。

企业升级的历史必然

1978~2002 年是中国品牌"野蛮生长"的时期，标王频出、价格战频发，大家在"摸着石头过河"，大步前进。2002~2022 年是中国品牌精耕细作的二十年，高端品牌崛起、价值竞争渐成主流，营销打法越来越成熟、系统。

自古以来，中国制造就具有优异的品质和竞争力：丝绸、瓷器、茶叶、五金……这些高端商品出口全球，成为中国文化的象征。中国的英文名"China"据说源自古代的瓷器。只是到了近代，清王朝不思进取、闭关锁国，开始变得落伍。鸦片战争之后，越来越多的西方殖民者用洋枪洋炮威压、掠夺中国，加之战争频仍，民族工商业经济虽有所发展，但备受欺凌、摧残。中华人民共和国成立后的近 30 年时间，国家优先发展重工业。在长达一个半世纪的时间里，中国的工商业发展受限，这一局面直至 20 世纪 70 年代末才得以改变。

改革开放初期，产品非常稀缺，无论是工业品，还是消费品，基本上都是供不应求。在"摸着石头过河"的过程中，一群敢闯敢干的先行者挣脱体制的束缚，跳进市场大潮中。在生产与消费的双向奔赴中，中国制造屡屡创造奇迹，人们的消费水平也节节攀升。2001 年，中国就被部分国家称为"世界工厂"，2010 年正式跃升为世界第一大制造国。

在这一阶段，中国对品牌的观念朴素而务实：产品是打造品牌的第一要素，渠道是夯实品牌的重要基础，品牌就是知名度，甚至将品牌等同于广告和公关。而且之所以重视品牌，是因为其能带来立竿见影的效果——无论是 20 世纪 90 年代的广告大战、标王大战还是公关炒作大战都是如此。

随着生产能力的不断提高，供需关系日趋平衡，产品品类逐渐完善，中国品牌拥有了更为丰沃的成长土壤，但随之而来的是竞争不断加剧。在价格战的一次次洗礼中，在优胜劣汰、不断进击中，许多企业成功脱离"以产定销"的思维，转型升级到以市场为导向的新思路，商标与名牌意识开始觉醒。

经过 15 年的艰难谈判，2001 年 12 月 11 日，中国正式加入 WTO。中国可以更自由地向其他成员国出口商品，迈入更全面彻底的开放。

彼时，很多人认为，扩大出口是加入 WTO 带来的机遇，而进一步开放将会给中国企业带来极大的挑战。但历史的演进证明，事实并非如此。从企业的角度来看，加入 WTO 带来挑战是必然的，但从一国经济的角度来看，与全球先进的企业同台竞争，能加速提高中国企业的运营效率，带来新的成长机遇。

在此之前，中国的工商业在政策法规的保护之下，内部改革的动力不足，效率低下。随着外国商品、服务和资本大规模进入中国市场，竞争对手从单一的国内企业，变成了实力更加强劲的跨国公司。市场更加复杂、竞争压力变大，迫使中国企业提高竞争力，从而在激烈的竞争中壮大自身，也使具有品牌意识的中国企业有了更多的出圈机会。

在互联网行业，以 IDG、软银、红杉资本为代表的国外资本涌入中国，催生出一大批互联网新创公司，BAT（百度、阿里巴巴、腾讯）、新浪、搜狐、京东、360、携程等互联网企业因此得以快速成长。它们与海外互联网企业几乎处于同一起跑线，在拥有巨大的本土优势基础上，不断迭代创新。海外企业无法与之抗衡，导致雅虎、谷歌、eBay等海外巨头相继退出中国。

在汽车领域，相当一部分中国企业选择与海外汽车巨头成立合资公司，学习西方先进的汽车制造技术与经营管理经验。一部分企业则在市场竞争中采取极致性价比、农村包围城市的策略，一步步壮大自己。近几年，汽车行业加速迈入电动车时代，反令本土品牌拥有了弯道超车的巨大机遇，以蔚来、理想、小鹏、问界为代表的汽车"新势力"正以超高速追赶传统汽车巨头。

在家电行业，中国企业不断在三、四线城市深耕，通过专卖店的形式，建立了完善的服务网络和市场根据地。随着国美、苏宁等家电连锁企业的快速扩张，家电企业也同步开辟了第二战场。多年积累的品牌口碑与服务优势，让它们拥有了与日韩家电巨头叫板的底气。以海尔、美的、格力、TCL、格兰仕、创维、方太等为代表的中国家电品牌在激烈的竞争中不断成长，具备了强大的实力和品牌价值。现在，许多外资家电品牌已被中企收入囊中。

房地产行业发展的黄金二十年，为泛家居企业带来巨大的机遇。经过数十年的发展，仅广东一省就形成了多个泛家居产业带，如佛山石湾的建陶产业带，中山小榄的灯饰产业带，顺德乐从、东莞厚街的家具产业带，以及广州的定制家具产业带等，形成了完善、成熟的上下游产业链。这些企业依托强大的制造优势与产业集群优势，抵挡了外资品牌的强势进攻。泛家居行业也因此成为外资品牌染指较少的几大行业之一，甚至连国际建材超市连锁巨头大多被本土的红星美凯龙、居然之家等替代。

在完全开放的食品、酒饮等快消品行业，中国品牌与外资品牌形成了分庭抗礼的局面。外资品牌在洋酒、葡萄酒领域占优，在极具本土特色的白酒行业，国内品牌一统江湖。在啤酒市场，头部啤酒品牌中或多或少都有百威、嘉士伯的影子，形成了你中有我、我中有你的局面。在奶制品市场，中国品牌在液态奶市场一路领先；在婴幼儿奶粉领域，外资品牌却近乎垄断了市场。在饮料行业，以两乐（可口可乐、百事可乐）、雀巢、达能、红牛为代表的外资品牌，与以农夫山泉、娃哈哈、康师傅、统一为代表的中国品牌，渐成楚河汉界之势。

在大健康行业，中国品牌经过 20 世纪 90 年代的粗放式发展后，惯于概念炒作却忽视品质管理的保健品品牌日渐沉寂，外资品牌逐渐登上舞台，安利、如新等品牌凭借直销模式快速扩张。在医药市场上，中国品牌是中成药市场的绝对主导者；在科技含量极高的西药创新药领域，辉瑞、拜尔等外资品牌仍具有不可替代的优势。

在手机数码行业，经过多轮的大变局与大洗牌，中国市场的格局初步形成。在功能机时代，波导、TCL、朵唯等本土新锐手机品牌曾一度夺取了诺基亚、爱立信、摩托罗拉不小的市场份额。智能手机出现后，苹果、三星全球逐鹿，后来小米、华为、OPPO、vivo 等本土手机品牌崛起，成功出海，在多个国家成为当地的头部手机品牌。

在 IT 行业，中国企业也不断发展壮大，持续占领外资企业的市场份额。在个人计算机行业，2004 年联想并购 IBM 的个人计算机业务，迅速成为全球个人计算机的头部品牌。最近几年，华为、小米、荣耀相继进入个人计算机领域，进一步挤占惠普、戴尔等外资品牌的市场份额。不过，在芯片、鼠标、外部设备等领域，外资品牌的地位依然很难撼动。尤其在"卡脖子"的芯片领域，中国品牌仍然严重依赖高通、英特尔等美国企业。

……

自改革开放以来，中国品牌经历从无到有、从小到大、从低端到高端的过程。

20 世纪 80 年代，是生产迅速扩容的时代。国外的生产线被竞相引入，乡镇企业蓬勃发展，民营经济呈星火燎原之势。90 年代则是中国本土品牌的第一次集体冲高，在家电、IT、保健品、白酒、快销品等主要行业，上演了一出出精彩纷呈的市场争夺战，品牌观念日益深入人心，不少企业如海尔、联想、TCL、华帝、格兰仕等品牌脱颖而出。但也有不少企业上演了一出出"大败局"，一些企业竞相将自己的品牌委身跨国公司。

进入 21 世纪，加入 WTO 为中国企业打开了一扇机会之门。一方面，外向型经济迅猛发展。另一方面，城镇化带来的巨大经济活力促使更多品牌企业诞生。在"土洋竞争"中，本土品牌发挥成本、地域等带来的综合性价比优势，不断占领外资品牌的市场份额。

这种模式带来的结果是：一方面，企业发展的速度极快，远高于 GDP 的平均增速，规模迅速扩大，一些品牌进入百亿、千亿行列。另一方面，巨大弊端越发凸显：利润率不断下降；不重视产品研发和技术升级，企业发展呈现巨大的脆弱性和不确定性；企业信心过度膨胀，导致头脑发热。

全球网络经济的发展催生出一批本土互联网企业，政策的大力扶持、全球资本的蜂拥而入令中国成为全球互联网的创业热土，电子商务能力更是全球领先。这既拓展了企业的营销与推广渠道，同时也令不少企业患上了网络依赖症。

更懂中国、更贴近老百姓的中国品牌具备了与海外巨头相抗衡的底气与实力，它们在一、二线市场上夺回失地，形成一股势不可当的国潮。甚至，在外资品牌一统天下的高端市场，出现了更多中国品牌的身影。"新国货"的崛起，让越来越多的中国老百姓抛弃"外国月亮比中国圆"的偏见，开始全力拥抱中国品牌。

随着时间的推移，越来越多的企业发现，对规模的追求进一步降低了企业的利润，同时令企业的营销环境迅速恶化，经营难度日益加大。

越来越多的企业意识到品牌的价值，一些意识敏锐、勇于行动的企业家踏上了高端品牌塑造之旅。它们意识到，只有强有力的品牌才能带来经营的"主权",只有高价值、高端的品牌才能带来企业的核心竞争力,实现可持续发展。

正是在这样的背景下,更多具有竞争力的高端品牌破土而出,它们力争上游,重塑产品、品牌和企业价值,成为中国产业经济中的一颗颗耀眼的明珠。

尽管取得的成就令人振奋,但我们也应该正视差距:在高端市场上,中国品牌仍有巨大的进步空间。在奢侈品、汽车、化妆品等领域,国外品牌仍然占据了高端市场的绝大部分;在西方发达国家,除华为手机、大疆无人机、香格里拉酒店以及几家黄金珠宝类品牌外,中国高端品牌的影响力相当微弱。

中国企业,尽管大公司多了,但普遍大而不强,具体表现为:一是利润少;二是品牌弱。我国企业的盈利能力与世界领先水平还存在较大差距。在品牌方面,与发达国家相比,中国品牌发展起步比较晚,在全球的知名度、影响力、话语权、品牌价值、整体声誉等普遍相对较低。这是客观现实的差距,也是中国品牌奋发作为的巨大空间。

在新的历史时期,国家提出了"高质量发展"的理念,反映在品牌上,打造高端品牌开始成为国家目标。这意味着,中国企业不但要在"卡脖子"的关键技术和设备领域取得突破,还要在软实力的高精尖领域——高端品牌上取得重大成就。

早期,中国企业以市场换技术,通过模仿式创新,不断引进国外先进技术、学习国外先进经验,走出了一条基于现实的低成本创新之路。随着综合国力的不断提升、企业实力的不断增强,中国品牌迈向了自主创新之路,在许多核心技术领域取得重大突破,这为打造高端品牌奠定了重要的基础。

在新的形势下,高端品牌迎来了前所未有的发展机会。虽然不能一蹴而就,但中外品牌的成功经验表明,只有占领高端价值链,才能历经时间的考验,穿越经济周期,抵御各种挑战。

政策加持，驱动经济升级

政策连环出台，重视品牌建设

自改革开放以来，中国获得了高速的经济增长，从农业大国顺利转型成为新兴工业大国，但与之相伴的产能过剩、供求关系不平衡、农村劳动力闲置、生态环境破坏等问题也日益突出。

中国希望摆脱过去落后的经济发展模式，从低端的同质化竞争中走出来，实现高质量发展。

自 2010 年以来，国家对品牌发展工作的重视大大加强：

2014 年 5 月 10 日，习近平总书记指示，要"推动中国制造向中国创造转变、中国速度向中国质量转变、中国产品向中国品牌转变"。

2015 年 3 月，中共中央、国务院印发的《中共中央 国务院关于深化体制机制改革加快实施创新驱动发展战略的若干意见》中明确提出，要"坚持全面创新，统筹推进科技、管理、品牌、组织、商业模式创新"。

2016 年 6 月，国务院印发了《关于发挥品牌引领作用推动供需结构升级的意见》，提出设立"中国品牌日"，凝聚品牌发展社会共识，营造品牌发展良好氛围，搭建品牌发展交流平台，提高自主品牌影响力和认知度。

2017 年 4 月 24 日，国务院正式批复国家发展改革委《关于设立"中国品牌日"的请示》，同意自 2017 年起，将每年 5 月 10 日设定为"中国品牌日"。同年，实施商标品牌战略被写入了《"十三五"市场监管规划》，国家品牌战略开始深入实施。

2017 年全国两会上，时任国务院总理李克强在《政府工作报告》中提出，要打造更多享誉世界的"中国品牌"。随后，国务院正式确定每年的 5

月 10 日为"中国品牌日"，我国的品牌培育创建工作再上新台阶。

2020 年以来，习近平总书记多次指出，要"实现技术自立自强，做强做大民族品牌""坚持绿色发展方向，强化品牌意识"，为我国品牌发展指明了方向。

2021 年，《中华人民共和国国民经济和社会发展第十四个五年规划和 2035 年远景目标纲要》明确提出，"开展中国品牌创建行动，率先在化妆品、服装、家纺、电子产品等消费品领域培育一批高端品牌"。

2021 年 4 月 26 日，习近平在广西考察时指出，"发展特色产业是地方做实做强做优实体经济的一大实招，要结合自身条件和优势，推动高质量发展。要把住质量关，推进标准化、品牌化"。

2022 年 7 月，国家发展改革委、工业和信息化部、农业农村部、商务部、国务院国资委、市场监管总局、国家知识产权局七部门联合发布的《关于新时代推进品牌建设的指导意见》中指出，到 2025 年，品牌建设初具成效，培育一批品牌管理科学规范、竞争力不断提升的一流品牌企业，形成一批影响力大、带动作用强的产业品牌、区域品牌。到 2035 年，中国品牌综合实力进入品牌强国前列。同一时期，工业和信息化部、商务部、国家市场监督管理总局、国家药品监督管理局、国家知识产权局印发《数字化助力消费品工业"三品"行动方案（2022—2025 年）》，提出在数字化助力"创品牌"方面，将借力数字技术打造知名品牌，借势数字化变革培育新锐精品。

2022 年 8 月，工业和信息化部、住房和城乡建设部、商务部、市场监督管理总局联合发布《推进家居产业高质量发展行动方案》，提出到 2025 年，家居产业创新能力明显增强，高质量产品供给明显增加，以高质量供给促进家居品牌品质消费，在家居产业培育 50 个左右知名品牌、10 个家居生态品牌。

2022 年，党的二十大报告中明确指出，高质量发展是全面建设社会主义现代化国家的首要任务。分析人士认为，中国特色品牌既是高质量发展的重要象征，更是推动高质量发展的驱动力量。这是因为，品牌不但是产品之外的附加价值，更是文化与文明的载体——它不但在传递美，还在巧妙传递真与善的价值观。

2023年2月，中共中央、国务院印发《质量强国建设纲要》，再度强调了"三个转变"和"高质量发展"理念，提出了"到2025年，质量整体水平进一步全面提高，中国品牌影响力稳步提升"的主要目标。《质量强国建设纲要》指出，要"推动工业品质量迈向中高端""增强企业质量和品牌发展能力"；在专门提出的"中国品牌建设工程"中明确提出"实施中国精品培育行动……培育一批设计精良、生产精细、服务精心的高端品牌"。

大国崛起，需要品牌力量，更需要高端品牌。当今，国家之间的激烈竞争已到了前所未有的程度。一些大国甚至动用政治手段、法律手段、联盟手段、技术手段对中国企业和品牌进行打压、限制。在如此挑战之下，中国制造业转型升级已迫在眉睫，创建高端品牌的重要性也日益凸显。

在中国，政策的导向对企业选择有着巨大的引导、推动和加速作用。当政府的目光投向品牌，必将对企业的品牌建设产生巨大的推动力量，中国将迎来品牌建设的新一轮高潮。

正所谓"时势造英雄"，顺应时代潮流，紧跟国家步伐，将市场意志与政府导向完美结合，才能创造无限广阔的新天地。当前，世界面临着百年未有之大变局，中国经济正加速向高质量发展转型，这不但为本土高端品牌的发展带来了政策性红利，也为中国品牌的未来发展指明了方向。

供给侧结构性改革，推动中高端消费品增长

2017年，党的十九大报告中明确指出，在中高端消费、创新引领、绿色低碳、共享经济、现代供应链、人力资本服务等领域培育新增长点、形成新动能。其中，培育中高端消费列在经济增长新动能的首位。

中高端消费也可以称为高质量消费，它是更加追求品质、追求个性和

追求全面发展的新型消费需求，既包含传统意义上高质高价的名牌产品，也包括解决温饱之后前景广阔的服务消费。中高端消费，不是奢侈浪费和不合理消费，而是代表着老百姓对美好生活的向往的合理需求。

培育中高端消费，离不开供给侧结构性改革。近年来，我国加快进行供给侧结构性改革，有效地推动了中高端消费的高速增长。

一是提高制造业水平，深入实施消费品工业"三品"（增品种、提品质、创品牌）专项活动，增强中高端商品的供给能力，促进消费品工业加快迈向中高端，解决低端消费品过剩、高端消费品不足的供需结构性矛盾。工业和信息化部明确提出，到2025年打造200家百亿元规模的知名品牌。

二是实施智能制造工程，支持鼓励企业从简单的数量增长朝质量提升和技术创新转变。根据工信部规划，到2025年，在纺织服装、家用电器、食品医药、消费电子等行业培育200家智能制造示范工厂；创建50个数字化转型成效显著、特色鲜明、辐射力强的"三品"战略示范城市。

三是实施品牌培育能力提升工程，打造更多享誉世界的中国品牌。工业和信息化部倡导，挖掘中国文化、中国记忆、中华老字号等传统文化基因和非物质文化遗产，加强新生消费群体消费取向研究，创新消费场景，推进国潮品牌建设；大力弘扬工匠精神，厚植工匠文化，培育出更多精工巧匠；依托跨境电商扩大品牌出海，开拓多元化市场。

四是政府出台多项政策，降低高端消费门槛，充分释放高端品牌消费活力。2016年10月，高端化妆品进口环节消费税税率从30%下调为15%；2019年4月，部分日用消费品（包括烟、酒、贵重首饰及珠宝、高档手表、高档化妆品等）行邮税税率从60%降至50%。2022年，全国多地出台政策支持新能源汽车消费，最高的补贴额度达到2.5万元。与此同时，各地方政府推出消费券，鼓励人们增加在家电、家居方面的消费支出。在减免税收与政策扶持的双重作用下，我国高端消费呈现出良好的增长态势。

五是海南"旅游＋免税"政策进一步升级，充分释放中高端收入群体消费潜力。从免税额看，海南免税额度从 3 万元提升至 10 万元；从价格看，海南免税店的奢侈品手袋、香水、化妆品等价格比国内专柜低 30% 左右。这进一步刺激了对高端商品的消费。据统计，2015~2019 年，我国消费者每年平均在海外消费 2579 亿美元，如果这部分海外消费回流无疑对国内高端消费起到很大的提振作用。

六是在零售科技与金融科技的推动下，品质消费向纵深迈进。根据 2017 年商务部新闻发言人的介绍，2016 年我国跃升为全球第一网络零售大国，网络零售额猛增到 5.2 万亿元，成为中高端消费的最大出口国。中国最大的两家电商平台天猫、京东也为品质消费推波助澜，同时利用大数据扩大定制生产，极大地拉动了产业的供给侧结构性改革。

与此同时，蓬勃发展的消费信贷，在短期内刺激了年轻人的高端消费需求。根据蚂蚁花呗统计，用户在使用花呗后消费能力提升了 10% 左右；月均消费 1000 元以下人群在花呗的拉动下，消费能力甚至可以提升 50%。这对高端消费起到了积极的推动作用。

中等收入人群带动高端消费快速增长

除了生产，消费是中国品牌成长的另一片沃土。

从一穷二白走出来的人们，以极大的消费热情拥抱着新的世界。仅用了三四十年时间，中国就实现了物质生活的巨大繁荣。

综合《每日经济新闻》报道、国家统计局网站等数据，1978 年，中国社会消费品零售总额仅为 1558.6 亿元，2021 年则达到了 44 万亿元，两者相差 283 倍。1978 年，我国货物出口总额仅为 168 亿元，而 2022 年这一数字增长至 23.93 万亿元，是 1978 年的 1424 倍。可以看出，出口成为与消费、投资并驾齐驱的"三驾马车"之一。

国内市场的池大水深，也让中国品牌可以恣意遨游。这个具有无限广度与深度的多层次消费市场，奠定了中国品牌成长壮大的基础。尤其是在广袤的农村市场，很多企业以此为根据地，迅速发展壮大。

同时，全球化为中国品牌带来了巨大的机遇，以海尔、华为为代表的中国品牌勇敢"走出去"，踏海而行，蹚出了一条全球化品牌的崛起之路。

市场规模的扩大，必然促进消费的升级。从"老三样"到"新三样"，从物资匮乏到产品丰饶，中国人的消费结构正在发生翻天覆地的变化，人们对高端品牌的需求与日俱增。从汽车到家电，从电子消费品到快消品，从文化娱乐到旅游度假，本土高端品牌如雨后春笋般涌现。

《2023胡润至尚优品——中国高净值人群品牌倾向报告》相关数据显示，中国高端消费市场规模已经增长到1.65万亿元。其中包括：50万元以上的豪华汽车市场规模6200亿元，传统奢侈品（服装鞋帽、化妆品、珠宝、箱包和腕表等）市场规模4500亿元（含本土品牌），高端烟酒茶市场规模3300亿元，高端消费电子市场规模1000亿元，高端服务消费（酒店、旅游和健康服务等）市场规模700亿元，高端保健品市场规模350亿元。

在消费支出结构上，食品、烟、酒仍是最大的消费支出，居住、交通通信、医疗保健位列其后。人们常说的"衣食住行"变成了"食住行医"，同时呈现出"对基础品类的理性消费"和"对高价值产品的品质消费"的双重特征。

4亿中等收入人群崛起，为高端消费提供了强大的动能

根据艾瑞咨询的报告，中等收入人群目前平均年龄在30岁以上：一线城市是31.8岁，二线城市是35.8岁，平均已婚率是80%。"80后""90后"已成为中等收入人群的核心力量。拥有了稳定的收入和幸福的家庭之后，中等收入人群开始关注自己的精神世界，开始追求新生活方式。

艾瑞咨询统计发现，中等收入人群对享受型、消遣型商品关注度高，44.6% 关注教育培训，46.8% 关注奢侈品，42.8% 关注美妆护肤，他们更愿意为高端消费买单。

新中等收入人群在消费、审美和生活方式上与众不同，他们认为贵的东西就是更好的，愿意尝试新的东西，在选择商品时越来越注重品牌、崇尚健康、追求时尚、彰显个性，更愿意为高端消费品和更好的体验支付溢价。

中国正成长为全球最大的消费市场，拥有 14 亿人口和 4 亿中等收入群体的庞大市场和规模效应。如果按照《中华人民共和国国民经济和社会发展第十四个五年规划和 2035 年远景目标纲要》，2035 年实现"人均国内生产总值达到中等发达国家水平""中等收入群体数量翻番，由现在的 4 亿人扩大到 8 亿人"，高端消费市场仍有巨大的消费潜力待释放。

麦肯锡数据显示，2022 年中等收入及以上人群占比达到 84%，其中富裕与上层中等收入人群占比大幅上升（见图 4-1）。麦肯锡预测，未来十年，中高阶层的消费者可能会成为推动中国消费增长的主力军。到 2030 年，预计 60% 的城市消费将由中高收入消费者驱动，另外 20% 来自更高收入水平的消费者。相对于中国在全球 GDP 中的占比，其在品质消费品类及高端消费品类中的支出占全球支出的份额更高。

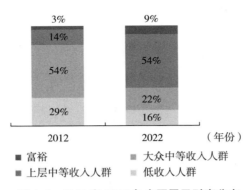

图 4-1 2012 和 2022 年中国居民财富分布

注：由于存在四舍五入，因此 2022 年百分比之和为 101%。
资料来源：麦肯锡、头豹研究院。

高净值人群消费力强劲，贡献了 80% 的奢侈品消费

要客研究院在《2022 中国高净值消费者洞察报告》中披露，我国高净值消费者（1000 万元净资产以上者）高达 470 万人，其中有大约 15 万人净资产超过 1 亿元。放在全球来看，中国高净值人群数量及净资产规模也位居前列。

高净值消费者在许多高端消费领域贡献了超过一半的市场消费力，主要聚焦境外旅游、奢侈品、子女留学、豪宅等。在奢侈品消费上，他们甚至贡献了 80% 的销售额。

2019 年，中国高净值消费者奢侈品消费占比为 73%；2020 年和 2021 年分别为 77% 和 80%；2022 年继续提高，达到 82% 左右。

相比低收入家庭，高收入家庭的抗风险能力更强。据统计，2020 年，低收入家庭财富减少较多，而高收入家庭财富却逆势增长。更多中国大众消费者在 2020 年之后进一步增加了储蓄意愿，同时降低了高端消费意愿，但高净值消费者的消费能力并没有受到任何影响。

年轻人的个性化需求驱动高端消费不断增长

根据麦肯锡 2019 年的数据：以"80 后""90 后"为代表的年青一代，分别贡献了中国奢侈品总消费的 56% 和 23%。在人均支出方面，"80 后"奢侈品消费者每年花费 4.1 万元购买奢侈品，"90 后"奢侈品消费者每年花费 2.5 万元购买奢侈品。在未来十年里，这群"80 后""90 后"将是中国消费升级的主要推动者。

根据国家统计局公布的人口出生数据，"80 后"合计 2.2 亿人、"90 后"合计 1.9 亿人（数据来源：《新京报》2020 年 12 月报道，新浪财经 12 月 1 日转载）。他们成长于经济高速增长的年代，没有经历过战争与重建，和

父辈相比，物质条件得到极大改善，因此更愿意为高品质商品支付溢价，对高端商品的价格敏感度更低。与此同时，他们更愿意为养育孩子增加消费与支出。根据西南财经大学中国家庭金融调查与研究中心提供的数据，有孩家庭增加消费的比例明显高于无孩家庭。在"一切为了孩子"的影响下，有娃一族明显拉动了教育、服装、食品、家居等领域的偏高端消费。

随着供给侧结构性改革不断深入、人民生活水平不断提高，中高端消费仍然有巨大的潜力。在这样的大趋势之下，打造高端品牌已成为中国企业走出低端竞争的重要战略选择。中国高端品牌将迎来属于它的黄金时代。

下沉市场与技术创新带来新红利

伴随着中国经济进入"新常态"，中国居民的消费呈现出了新的特征。随着一、二线城市的高端购物中心日趋饱和，三、四线城市呈现出了新的气象：一方面，农村居民消费支出稳定增长，为消费升级提供了强劲的动力；另一方面，下沉市场的富裕阶层出现，高端消费活力进一步被释放。可以预计，下沉市场将为高端品牌的发展带来新的红利。

此外，面对复杂的国际形势以及发达国家的科技围堵，以华为为代表的民族品牌表现出了强大的创新活力，不仅在专利数量上领先全球，而且在研发上步入"无人区"。技术上的积累与突破，为中国企业抢占全球价值链高地提供了强大助力，我国高端品牌的科技红利也开始显现。

下沉市场红利

消费是经济增长的第一动力，呈现出稳步复苏的态势。根据国家统计局数据，2023 年全年农村居民人均可支配收入达到 21691 元，实际增长 7.6%。农村居民人均消费支出 18175 元，实际增长 9.2%。这两项指标显著高于城镇居民。农村消费力开始释放，并保持稳定增长。

麦肯锡数据显示，2010~2018 年中国三、四线城市富裕家庭占比从 3% 增长至 34%，8 年复合增长率为 38%，高于一、二线城市的 23%。

从上述数据可以看出，一方面，下沉市场的消费正在被激活，有着巨大的市场潜力；另一方面，虽然 2020 年之后人们的收入与支出增速有所减缓，但人们对高价值产品的支出却有所增加。由此可见，下沉市场的高品质消费潜力巨大，将是未来有待开掘的洼地。

随着农村居民消费水平的不断提升，以及网络和物流基础设施的逐渐完善，城乡消费观念逐渐融合，下沉市场已经成为我国人口基数最大、潜力最大的消费市场。长远来看，下沉市场必将成为高端消费领域的动力引擎之一。

当前，中国消费市场的主要需求由新增逐渐转为焕新，消费者的消费思维不断变化，呈现出消费分级化的特征。有时间、敢花钱的"小镇青年"，有追求、更重品质的务实"中生代"，以及讲舒适、重服务的"银发一族"是下沉市场家电消费的三大主流群体。

这种消费需求和消费群体的细分，将持续为存量市场提供供给侧结构性改革的机会，也为高端品牌的发展提供了新的动能。在一、二线市场接近饱和的今天，覆盖具有广大人口和地域的下沉市场值得期待。

技术创新红利

近年来，以美国为代表的西方国家发起了针对中国的科技围堵战。面对这一严峻情势，中国品牌保持定力，持续加大研发投入力度，在专利方面取得了丰硕的成果，展示了强劲的活力。

国家知识产权局数据显示，截至 2023 年底，我国全年发明专利授权量为 92.1 万件，实用新型专利授权量为 209 万件，外观设计专利授权量为 63.8 万件。截至 2023 年底，我国发明专利有效量为 499.1 万件，其中内地（不含港澳台地区）发明专利有效量 401.5 万件，在这其中，高价值发明专利拥有量 166.5 万件，占 41.5%，创新活动保持活跃。

同时，我国在新兴技术领域的专利数量实现了较快的增长。截至 2022 年 6 月底，国内有效发明专利增速排前三位的技术领域为计算机技术管理方法、计算机技术和基础通信程序，分别同比增长 56.6%、38.2% 和 26.0%，增速远高于国内平均水平的 20.4%。新兴技术增强，为我国社会的数字化转型提供了强大的动力。

在全球范围内，中国企业表现依旧亮眼。2022 年，通过世界知识产权组织（WIPO）《专利合作条约》提交的国际专利申请数量创下历史新高，达到 27.81 万件，其中中国第 4 年蝉联榜首，共提交 7.0015 万件申请，超过美国、日本、韩国、德国。其中，华为以 7689 件申请连续五年蝉联榜首，是唯一专利申请量超过 7000 件的企业，几乎是第二名、第三名的总和；OPPO 以 1963 件 PCT 国际专利申请量位列全球第六，连续 4 年跻身全球前列；京东方以 1884 件 PCT 专利申请量位列全球第七，连续 7 年进入全球 PCT 专利申请 TOP10。此外，平安科技、中兴通讯、vivo、大疆创新、深圳瑞声声学科技、武汉华星光电、深圳华星光电、腾讯、字节跳动、小米跻身前五十名。

《中国专利能力领先企业（2017—2021）榜单》分析，2017~2021 年，中国企业在全球的专利总申请量、发明专利授权量、PCT 专利申请量以及专利被引量四大维度，专利综合能力领先的企业分别是华为、OPPO、京东方、美的集团、国家电网、格力电器、中兴通讯、腾讯、中国平安、vivo、中国建筑、TCL、大疆创新、台积电、阿里巴巴、五矿集团、南方电网、中国石化。

科技是中国重要的战略支撑，也是决胜未来的关键所在。中国品牌抢占全球价值链高地，必须在研发上取得质的突破与飞跃，否则就会陷入

"卡脖子"的境地。中国高端品牌只有在技术上做到全球领先，才能真正成长为全球性的品牌。

高端品牌实验室认为，中国正值技术大爆发的黎明时期，技术的突破将为中国高端品牌在世界的崛起提供弯道超车的历史契机。

PART 05

第五章

高端品牌成长修炼

建设高端品牌的六大法则

梦想法则

综观中外高端品牌的成功法则，有一个非常重要的共性，那便是善于为消费者营造一个梦想的世界。

梦想让品牌摆脱了现实的束缚。一方面，它令品牌具有了广谱的受众，因为人人都有美好生活的梦想；另一方面，它让品牌的高溢价有了强有力的依托。

大多数品牌传达的信息是"是什么"与"怎么做"，成功的高端品牌营销则把重点放在"为什么"上。例如，苹果公司的创始人乔布斯、特斯拉的创始人马斯克都做到了把"为什么"放在第一位优先传达。人们在了解了他们的行事原则和所代表的理念之后，就会认可这些抽象的概念，支持他们具体所做的事、所生产的产品。

品牌所代表的价值观、信念以及文化，能在消费者的内心产生共鸣。如华为所代表的奋斗者文化，让无数人动容；爱马仕代表的极致精神，令全世界疯狂；喝茅台酒的人，喝的不仅仅是酒的品质，更是其背后的文化与圈层；青岛啤酒带给人们的不仅仅是啤酒，还有激情、欢乐和分享。文化听起来有点虚无，却是打造高端品牌的不二法门。

如何在消费者心中造梦？讲好品牌故事至关重要。品牌让世界变得更美好，它不是由一组冷冰冰的数据组成的，而是由一个又一个鲜活的人和故事构成的。一个个饱含情感的好故事能拉近彼此的距离，在顾客心中荡起涟漪、激起浪花。

路易威登的创始人为法国皇室服务的故事，茅台酒在巴拿马博览会一摔成名的故事……这些不仅为品牌增添了传奇的色彩，而且在消费者心中建立了不可替代的地位。

全球营销大师菲利普·科特勒指出，每个品牌都应该有自己的核心价值观。企业的品牌使命必须让消费者产生一种权利感，让他们意识到品牌使命是属于自己的，自觉地成为品牌的"推广大使"。

高端品牌都有强烈的使命感。使命感让它们清晰地知道，该做什么、不该做什么。例如，特斯拉要创造的是一个低碳绿色的世界，它绝不可能制造燃油车。

创始人精神也是品牌文化的重要组成部分，它是品牌价值观的生动体现。比如，乔布斯的偏执狂物质、任正非的不屈不挠、马斯克送人类上火星的信念等无不映射着品牌的价值观。假如有一天，创始人精神没能很好地传承下来，品牌的魅力也将逐渐消失。

因此，梦想是高端品牌最贵重的经营资源。一般人会将人、物、钱、信息列为企业的经营资源，但对高端品牌来说，梦想才是真正的稀缺经营资源。

对于品牌具有重要意义的"梦想要素"包括创新、家人、母爱、风格、流行、年轻、明快、安全、安定、最高点、社会性、伦理性、顾客至上、品质等。这都是打造高端品牌取之不尽、用之不竭的思想源泉。大多数高端品牌的梦想都是由其中的两个或三个再结合自己的特色组合而成。例如，沃尔沃强调的是安全、爱马仕强调的是最贵的奢侈品、华为强调的是创新、卡萨帝强调的是关注用户。

品牌经营者都把销量放在非常重要的位置，但大多数高端品牌却把"梦想价值"放在第一位。茅台为了给消费者造梦，坚持在原产地的核心地带生产正宗的茅台酒；爱马仕宁可让顾客等上一年，也坚持用手工缝制皮具——尽管手工制作与机器制造的差别并不大。

不盲从、不迎合、坚持价值观、不唯销量论，这些是海内外成功高端品牌的共性。它们已超越产品、品牌、企业的范畴，而上升到社会、文化层面，成为公共品牌。正因如此，高端品牌通常有极强的社会责任感。2019年巴黎圣母院火灾后，法国奢侈品巨头集体捐款修建，因为它们认识到，保护法国的文化象征就是保护自己。

极致法则

高端消费者是富裕阶层、中等收入人群，他们不仅是最有钱的人，而且是最精明的人。高端品牌想要征服挑剔、苛刻的他们，除了给他们造梦之外，还必须带来极致的产品。如此"软硬兼施"之下，才能真正打动他们的内心。

极致卓越的产品是为消费者造梦的前提。无论宣传搞得如何出色，广告拍得如何漂亮，推广做得如何精彩，产品如果达不到他们理想中的标准，都是没有价值的。

许多高端品牌凭借卓越的产品品质，即便不做营销推广，销量也十分惊人。特斯拉不做广告，但它的销量可观；爱马仕在推广上花的钱也是少得可怜，但并不影响消费者对它的热情。它们已成功将产品和品牌融为一体。

产品品质不是一个模糊的概念，而是一系列可量化的指标。例如，研发投入占销售收入多大比重；拥有了多少发明专利、获得了哪些国家的科技奖项；产品外观设计获得了多少国际大奖；采用了来自哪里的什么原材料；生产一件产品需要多少时间、多少道工序……这些具体而微的细节，无一不在为产品品质加分。

大多数情况下，研发投入是衡量高端品牌的硬指标。华为每年投入在研发上的金额高达千亿元；方太每年从销售收入中拿出5%做研发，其发明专利数位居厨电行业之冠。很难想象，一个不肯在研发上投入的企业，能打造出品质卓越的高端产品。

当前，多个行业产销量萎缩，商品供给严重过剩，如果产品不能吸引消费者，很容易被淘汰。科技是摆脱产品同质化竞争的重要利器。高端品牌处在行业价值链的顶端，应该引领行业技术的发展方向，而不仅仅是无关痛痒、可有可无的局部改变。即便其价格比其他品牌高，消费者也愿意支付高溢价。特斯拉在自动驾驶技术上的领先优势，即使很多人吐槽它的内饰过于简陋、做工不精细，但依然无法撼动它的市场地位。

调查显示：产品的科技创新是驱动"千禧一代"购买高端品牌的主要因素；吸引"千禧一代"高端消费者关注的最好方法是技术创新。当初苹果 iPhone4 刚推出时，无数年轻人排队抢购，不仅仅是因为苹果手机在外观上多么酷炫，关键在于其用硬件和软件重新定义了手机，领先了一大步。

在技术要求不那么高的行业，工匠精神则是评价高端品牌的硬指标。虽然一些独特、珍稀且昂贵的材料能明显提高产品的档次，例如镶金镶钻、采用鸵鸟皮等，但真正让产品具有灵魂的，是付出时间和心血的工匠。

比如，茅台酒遵循"一年周期、两次投粮、三年陈酿、七次取酒、八次发酵、九次蒸煮"的工艺，要经过近 30 道工序、165 个工艺环节、5 年的陈酿才能最终成功。一些勾调白酒在工业化生产线里也许一天就能生产出来，而茅台酒则需要酿酒师傅付出 5 年的心血。因此，茅台酒的魅力不是因为酿造原材料多么名贵，而是酿酒师傅付出的高昂时间成本。

在奢侈品领域，一个古老的经济学规律被严格遵循着：商品的价值取决于社会必要劳动时间。这意味着在产品制造上花费的工时越多，它的价值越高。那些巧夺天工的能工巧匠，在某些领域不见得比机器制造更加精良，但为什么几乎所有高端品牌都强调自己的手工性？原因在于匠人为产品付出了心血、注入了灵魂。机器一分钟就制造出来，手工可能需要一周甚至数月，其间工匠付出的心血是机器永远不能替代的。

　　可以看出，无论是路易威登、爱马仕，还是劳力士，都在强调手工的重要性。它们虽然在海外有代工厂，但从来不把生产产品的地方称为"工厂"，而是叫作"作坊"。它们始终强调，自己的产品是当地的能工巧匠耗尽心血手工制作出来的。因为它们笃信，手工代表了一种信仰，代表了对细节的尊重和对用户的用心，代表着时间价值和对历史传统的尊重。

　　好的产品会让人发出尖叫。尖叫代表了击中痛点的兴奋感，也代表了超乎预期的愉悦感。通常来说，只有艺术品，才能带给人这种感觉。不少高端品牌已经进化到艺术品的境界，具有投资价值与收藏价值。爱马仕的二手包，比全新的一手包还要贵，是因为它超越了一般的商品，而成为人人向往的艺术品。

　　艺术品是独一无二的，是极为稀缺的。要让产品变成艺术品，一个便捷的方式是与艺术家联名合作。奢侈品品牌经常与艺术大师跨界合作推出联名款，以提升产品的艺术含量，而且一般采用限量发售。这与艺术品的销售方式如出一辙。因为如果销量过高，会大大削弱品牌的梦想价值。当大街上人手一个爱马仕包，也就意味着爱马仕彻底沦为了平庸的工业品。求而不得，可望而不可及，是艺术品的共同特征，它同样适用于高端品牌的打造。

　　为了强化稀缺价值，高端品牌通常会推出定制化服务。例如，慕思就推出了定制化的健康睡眠系统，它可以根据每个人的身高、体重、身体曲线、健康状况定制床垫。此举一方面让用户有了强烈的归属感，另一方面赋予了产品的稀缺性。对高端品牌来说，定制化是一个重要的营销策略。例如，茅台推出了一系列定制化的纪念酒，极具珍藏价值；卡萨帝为用户推出了定制化的套系家电，将家电与家居环境融为一体。

　　定制化不仅带来了商业模式的变化，也给生产制造提出了更高的要求。它需要生产后端与销售前端进行无缝对接、高效协同，实现小批量、柔性化的生产制造。因此，除了要保持手工工艺的特色，还必须引入智能制造，这样才能在个性化与规模化中找到解决方案。

可见，极致的产品与持续的研发投入、工匠精神、传统工艺、前沿科技、艺术设计、个性化定制、智能制造等是分不开的。那些令人尖叫的产品，基本上是上述某些要素的集大成者。

超级用户法则

"让客户满意""顾客是上帝""客户至上""用户第一"……数不清的企业将类似的口号挂在墙上，但当企业利益与用户利益冲突时，企业可能会毫不犹豫地将用户利益抛在脑后。例如，某个产品正常售价是100元，由于员工操作失误，在电商平台上将价格标为10元。作为品牌方，该怎么办？大多数品牌会选择概不认账，极少品牌会扛下亏损。谁真正地贯彻了"让客户满意"的价值观，这里一目了然。

在客户管理理论中，开拓一个新客户的成本是留住一个老客户的4~7倍。高端消费者处在金字塔尖，原本群体人数有限，如果不能让客户满意，圈层效应明显，不仅会出现客户流失的现象，而且会出现"多米诺骨牌效应"。

无论从哪个角度看，高端品牌都应将"让客户满意"视为一项关键性的长期战略。成功的高端品牌志在获取用户的终生价值。苹果只要发布新款手机，"果粉"都会第一时间去购买；无论在哪个宴会上，茅台用户都会将茅台酒当作第一选择；家里换旧床垫，慕思的忠实粉丝不做他选。实施客户满意战略的一个潜在好处是，当客户习惯了高质量的服务，就会形成依赖感，这无形中增加了客户更换品牌的成本。

几乎每个高端品牌都需要大量的专业人员花费大量的时间和精力为顾客服务。品牌越高端，越重视提供全方位、高品质的服务。在奔驰、宝马的4S店，车主能享受到服务人员无微不至的关怀；在特斯拉的大屏幕上，车主经常会收到各种温馨的提示，让人倍感温暖；在蔚来汽车的服务网点里，车主能享受独一无二的换电服务……这些服务工作看似平凡、琐碎、繁杂、代价巨大，但对消费者产生着潜移默化的影响。

很多人将服务视为支出、费用和成本，认为回报周期太长，甚至看不到任何回报。事实恰好相反。每年的圣诞节，慕思都会向顾客赠送礼物，仅此一项，每年耗费的金额就达亿元。最早的慕思消费者，如果将每年收到的礼物价值加起来，会远超过当初买床垫的钱。按理来说，床垫是耐用消费品，用户买一套床垫，要隔相当长的时间才会再次购买。为什么慕思要把钱浪费在这些看似无用的礼物上？事实是：慕思的顾客忠诚度高达99%以上，用户的转介绍率达到了68%。

本质上，服务是产品的重要组成部分，它不是割裂存在的。在产品日趋同质化的今天，服务反而是最容易实现差异化的部分。慕思靠高质量的服务，建立了自己的"护城河"，在同质化竞争中脱颖而出。

在高端品牌眼里，产品销售出去的那一刻，就是服务工作的开始。服务与产品，如同硬币的正反面，它们共同夯实着品牌资产。豪华车品牌的4S店不仅仅是一个卖车的场所，更是一个服务的场所。

对高端品牌来说，获取用户的终生价值非常重要，因此在构建服务体系时，应将用户推荐值、用户消费值作为重要的运营指标，有效识别出高忠诚度的用户。他们被称为"超级用户"。他们不仅是品牌社群的创建者，也是品牌精神的传递者。

超级用户尽管只是少数——可能不到10%，但贡献了30%～70%的销售额。在互联网上，大量"果粉"建立了无数的社区，他们自发地传播着对苹果手机的热爱。每一次新品发售时，他们是最早尝鲜的人。

让超级用户深度参与到品牌的创建之中，是高端品牌获取用户终生价值的有效方法。此举不需要大量的广告宣传，也不用巨额的费用投入，只需要让他们参与到产品创造、品牌共建之中，就会为品牌带来巨大的效应。

在心理学上，有一个著名的"富兰克林效应"：让别人喜欢你的最好方法不是去帮助他们，而是让他们来帮助你。这是因为，帮助具有"成瘾性"，帮了一次，就会有两次、三次甚至更多次。

成功的高端品牌非常擅长"让消费者为品牌做事"，这种被需要、被尊重的感觉，会激发消费者的参与感与主人翁意识。随着参与程度的加深，他们有更强烈的意愿与企业共创品牌，最终品牌与消费者相互成就，形成了一种全新的供需关系。

一些高端时尚品牌经常会遴选消费者的创意涂鸦，将其印制在服装上，既满足了消费者的个性化需求，同时又向全体消费者释放出了强烈的信号：你们才是品牌真正的创造者。

恋人法则

高端品牌建设是一场发自内心的精神恋爱，从吸引、信赖、欣赏，到热爱、互动、忠诚……品牌是根植于用户心中的认知，高端品牌是与用户的精神共建。所以，从现在开始，高端品牌要关注用户、重视用户，和他们展开一场"精神恋爱"。

第一，出场要"好"。要为品牌起个好名字，写个好口号，设计好标识，讲个好故事。就像谈恋爱一样，第一眼缘是十分重要的，它甚至会影响很多人的一生。高端品牌非常注重创始人的故事传播。任何一个产品都必须和品牌历史或品牌故事相联系。

第二，体验要"深"。如何让顾客感受到高端品牌的魅力？就是要带给他们极致的体验。比如，在终端上，建设沉浸式感受的场景专卖店，或富有艺术气质，或奢华大气……这里能充分调动消费者的感官，打造多维体验。实际上，全球顶级品牌的专卖店往往不是在卖东西，所有的行为是围绕梦想价值而展开的策划梦想、实现梦想。

第三，情感要"诚"。苹果公司创始人乔布斯说过："把精神放进产品中，这些产品出来后到人们的手上，他们便能感受到这种精神。"高端品牌谈的是情，而不是钱；关注的是梦想，而不是交易；秉持的是持之以恒，而不是朝秦暮楚；倡导的是精神吸引，而不是甜言蜜语。高端品牌要保持热血和激情，并能让消费者强烈地感知。

第四，思想要"独"。很多企业认为顾客是上帝，要为顾客提供无限的服务。但高端品牌认为并非如此，相反，保持思想独立是高端品牌真正的魅力所在。高端品牌要保持自己匠心的态度、艺术的气质、文化的个性和精神引领，进而引领进步。很多高端、豪华品牌创始人的故事所传达的独特精神，能给消费者带来持久的冲击。

第五，距离要"适"。一是延迟满足。很多奢侈品店会出现这样一种情形：明明店里的顾客很少，外面的人仍然需要排队进入。为什么顾客愿意等候？就是因为延迟的满足感给顾客带来了一种独特的消费体验。二是价格门槛。如果高端品牌都卖出了白菜价，便没有豪华的体验感了。三是有限服务。高端品牌提供支持其价值观的核心服务，但不是"召之即来，挥之即去"的全面响应。四是少数拥有。高端品牌要与普通大众保持不同的距离，甚至只有在特定的高端场所才会看到。因此，高端品牌并不追求与顾客的零距离，而是追求适度距离。

"破圈"法则

中国品牌如何能够破除面对西方品牌时的自卑心理？如何突破它们的强大优势屏障后来居上？这是每个企业都在思考的问题。

在传统思维里，创建高端品牌必须拥有核心技术，似乎自主研发才是唯一正确之路。事实上，绝大多数的创新并非如此。技术的进步是一个动态过程，能将世界先进的技术为我们所用，引进、消化、吸收进行整合创新，也是颇有价值的创新。正如创新大师克莱顿·克里斯坦森所说，技术和需求不存在颠覆性，只有技术和需求的新组合才能带来颠覆。他指出，不管技术是否原创，无论是自主研发还是整合创新，只要带来用户极致的体验，那么它就是有价值的。

比如，中国企业往往拥有自己的单项优势，企业在专注于自己长板的同时，可以将技术研发和生产供应链外包给合作方。这样通过长板的强强联合，也可以建立一条既深且宽的创新"护城河"。

在营销模式上，"破圈"的方式也有很多种：在线下拥有经销网络的基础上建立起线上渠道，实现场域融合是一种创新；与一些实力相当、调性类似的高端品牌或艺术家联名，实现品牌之间、品牌和艺术之间的相互借力也是一种创新；为消费者提供个性化定制或规模定制服务同样是一种创新。

随着互联网的迅猛发展和技术的不断进步，几乎所有行业都在被颠覆和重构，行业间的物理边界正在消失。过去一个品牌追求的是在细分市场做到极致，现在更多品牌开始谋求联合，去构建一个用户价值的高地。

在新的阶段，品牌竞争已演变成生态系统的竞争，管理者必须摒弃"以我为中心"的模式，紧紧围绕用户的需求，形成开放式的创新。例如，得益于海尔构建的消费者洞察前台、研发中台、智造后台，卡萨帝构建了完善的品牌生态系统，开始构建场景品牌和生态品牌。比如，苹果手机在全球范围内的成功，IOS 系统也功不可没，后者不仅包括千百万的技术开发者，还包括无数的移动互联网创业者。目前，这一特点正被华为的鸿蒙系统复制，过去的数年间，搭载 HarmonyOS 的华为设备数量突破 7 亿，华为注册开发者超 600 万人。基于华为全球化优质渠道及庞大用户基数的鸿蒙生态，将持续加持华为品牌，并与苹果、谷歌等巨头分庭抗礼。

增长法则

如今，企业想要实现增长必须关注年轻人，现在他们拥有一个闪亮的名称——"Z 世代"。

"Z 世代"正走向社会的舞台中央，这使中国高端消费处于一个前所未有的代际转换之中。"Z 世代"是真正的"网生一代"，他们的消费观与新中等收入群体、老一代大相径庭——敢于花钱。波士顿咨询和腾讯合作发布的《2020 中国奢侈品消费者数字行为洞察》报告显示，30 岁以下的奢侈品消费者占比超过 50%，对奢侈品零售额贡献达 47%。这意味着转战社交媒体正成为大部分高端品牌的重要选择。

长期以来，奢侈品对线上销售态度审慎。古驰 CEO 马可·比扎里曾警告，有些品牌不需要过分将精力投入数字领域，因为到了一定阶段，它们可能因此失去自身的独特性，失去品牌的锋芒和价值，最终会遭到重创。

不过，这些品牌无法抗拒时代的变迁。现在，它们也开始使用一些流量明星，推出针对年轻人风格的潮牌，也开始进行社会化营销并开设了自己的网上店铺。有些品牌设立了首席数字官，开始入驻抖音发布视频，在网络上直播时装秀，在小红书上开了快闪店，甚至将网站变成数码博物馆……在数字化营销上，这些高端品牌终于向前迈出了重要的一步。

在实现业绩增长方面，品牌延伸和多元化经营是高端品牌都走的一步棋。包括路易威登、香奈儿、爱马仕、芬迪、卡地亚、阿玛尼等在内的著名品牌横跨了多个品类，它们都经营得非常出色。

目前，不少国内高端品牌依旧沿袭大众品牌的打法，走的是专业化、品类化或相关多元化的道路。不少品牌顾问机构推波助澜，将品牌定位简单粗暴地等同于品类关联。这就陷入了大众化品牌的误区，也是高端品牌的自我矮化。要知道，高端品牌代表的是品位、地位和梦想，它关注的核心是梦想价值的放大。这意味着它的定位只能在情感、精神和文化领域。品牌的梦想价值越高，品牌延伸跨度弹性越大。只要保持品牌核心价值的连续性和一致性，以及品牌强度，品牌延伸就存在相应的合理性。

当然，国际化也是实现增长的重要途径。海外的市场广阔，中国高端品牌不能偏安一隅（尽管国内市场很大）；同时，西方对高端品牌的进入反而不那么排斥，因为品牌的全球化意味着经营的本地化，意味着企业必须与当地的消费者打成一片，赢得文化认同和情感共鸣。

高端品牌的自我修炼

成立于 2022 年 3 月的高端品牌实验室一直致力于对中国高端品牌的研究，根据其发起人段传敏的观点，成功的高端品牌应该有以下五项修炼（亦称"高端品牌的五大标准"）。当然，也有专家指出高端品牌应该有七项修炼——产品力修炼、品牌力修炼、数字化力修炼、文化力修炼、体验力修炼、服务力修炼、销售力修炼。

品牌修炼

每个行业的品牌都可分为高端品牌、中端品牌和低端品牌。

在衡量高端品牌的过程中，一个核心原则是考察其品牌溢价。这种溢价一方面要考虑企业的经营毛利率，另一方面则要考虑企业的净利润率，同时还要结合品牌在消费者心目中的认知程度。

消费者在购买产品之前如果根本不知道品牌的名字，那么所谓的品牌溢价就是零，只能算是高端产品罢了。

高端品牌一定要有足够的利润空间，令其在技术、产品上不断完善，在服务上不断提升，在品牌资产上不断累积。具体来说，如果不考虑战略亏损、非经营性亏损等因素，企业净利润率如果不能超过 10% 就算不上高端品牌。

同时，仅有品牌溢价还不够。在中国，高端品牌应有更高的气度、更高的追求，即品牌向善。真正的高端品牌应该倡导"善"的价值观，而非仅仅像奢侈品那样一味追求奢侈。

文化修炼

处在一个商品丰盈的时代，产品之间的功能差异已然不大，决定品牌核心竞争力的就是文化。品牌的文化内涵越深厚，其生命力就越长久。相比于普通品牌，高端品牌的文化属性更为强烈。

文化属性分为三个层次：浅层的艺术设计感知——调性；中层的情感文化氛围——情感；核心的精神个性——信仰。高端品牌往往带有某种信仰成分。因此，高端品牌往往都是价值观驱动的、有灵魂的品牌。

正如书中所写："我们处在一个商品丰盈的时代，产品之间的功能差异已然不大，决定品牌核心竞争力的就是文化。品牌的文化内涵越深厚，其个性和形象越明显，生命力就越长久。"

"颜值"修炼

这里的"颜值"包括产品设计、包装设计、店面设计以及 VI 设计、广告设计等诸多方面。

高端品牌理解颜值的重要性，后者不但能带来愉悦的享受，而且可能以其极具个性的表达引发公众热议和媒体报道，极度吸睛。

观察中外高端品牌（如苹果、特斯拉、路易威登等）会发现，它们都十分重视设计工作。苹果的设计师乔纳森·伊夫的影响力仅次于乔布斯，他设计的 iPhone4 堪称经典作品；特斯拉的颠覆性汽车 Model S 是马斯克亲自参与设计的极致完美之作。20 世纪八九十年代，路易威登、纪梵希、思琳等几个奢侈品老品牌的重振是靠着马克·雅可布、约翰·加利亚诺、迈克·柯尔等先锋设计师完成的。

菲利普·科特勒在《营销革命4.0：从传统到数字》中曾提到，在注意力缺失和信息碎片化的时代，品牌需要为消费者创造出"惊叹时刻"（Wow Moment）。其中，设计感对"Wow"有着巨大的推动作用，它是企业产品尖叫度的重要来源，无论怎么重视和强调都不过分。

体验修炼

除了产品本身带来的体验，专卖店是体现大众品牌与高端品牌差异的最佳场所。

那些极具艺术性和设计感的专卖店，每个角落、每处细节都传达着"品牌至上"的理念。消费者置身其中，买的不只是产品本身，还包括品牌背后的故事、工艺等。同时，专卖店里面的销售顾问、服务标准和流程、环境氛围营造也十分重要。

在创造体验过程中，服务的作用也十分重要。它往往是构建真正的用户关系的开始，也是赢得用户好感的关键环节。

此外，随着消费者审美理念和生活方式的变迁，企业传递出来的多维内容构成消费者体验的"第四空间"，成为全新、互动的消费新场景。这就要求企业将艺术与空间、线下和线上空间进行完美融合，既能消除顾客对空间的审美疲劳，又能提升空间的人文气质。

产品修炼

高端品牌的直观表现为价格贵。"贵"本身也是价值的一部分，因为价格直接将消费者进行了区分，带来了社交货币和心理上的满足。

当然，"贵"必须要有重要的支撑。它不只限于满足人们的期望，还必须要有所超越。这就要求企业在材料的选择、技术研发或特别的匠心和服务上有较大的突破。

需要强调的是，高端品牌的定价原则，不少是基于消费者的"炫耀"心理而制定的，大众品牌则通常基于消费者的"占便宜"心态。因此，进入一个新市场，大众品牌往往采取低价切入的方式吸引顾客，高端品牌往往往会采取高价策略，然后根据规模逐渐降低，以抢占更广泛的市场。

这两种完全相反的价格策略，源自完全不同的品牌调性：大众品牌追求的是流量与销量，高端品牌追求的是梦想和价值观。因此，大众品牌往往将品牌建设视为传播策略，而高端品牌则视品牌建设为经营战略。

此外，品牌知名度也相当重要，它在营造梦想价值方面起着重要作用。这就要求企业在品牌建设方面的投入必须达到一个量级。当然，这并不意味着高端品牌完全是靠广告堆叠出来的。恰恰相反，很多高端的奢侈品品牌很少打广告或请明星代言，而是将主要精力放在营造消费者的绝佳体验上。这显然对品牌建设的专业能力提出了更高的要求。

"非典型"市场的典型迭代

相比西方已经发展数百年的市场经济和品牌，中国市场经济的建设和品牌的发育，只有短短三四十年的时间。

因此，当20世纪70年代末80年代初国门刚打开的时候，除了在生产、技术上有一定实力的国有大中型企业、后来的外商投资企业外，其他如乡镇企业、民营企业都属于个体或小微企业——它们与西方跨国公司（它们都是最优秀公司的代表）有着天壤之别，让人在羡慕之余难免感叹：中国企业要想追上这些企业，无疑要几十年、上百年的时间吧？

"非典型"市场

事后分析，相比西方（发达国家）市场，中国市场的确不一样，存在"非典型"的种种特征，这些特征影响并决定了中国（高端）品牌的走向。

转型市场

这源于中国改革的阶段性，迈向市场经济不是一蹴而就的，而是经历了渐次改革开放、横跨几十年的缓慢过程。

这些决定了我们不能完全照搬成熟市场的观念和规则，某种程度上，又造就了本土品牌成长的一种比较优势：虽然跨国公司拥有技术、品牌、资本、管理、运营、战略等诸多能力，可以在市场上横冲直撞，但本土品牌则有着基于发展中市场的不对称优势，如机动灵活、降本增效、本土智慧……套用军事领域的说法，在这种市场，大兵团作战虽然有效，但游击战也能胜利。

崇洋市场

上百年来，近代中国的孱弱、多灾多难，深深击碎了民族的自信心；社会主义新中国的 30 年取得了很大的成就，但现代科技、医学、教育体系、先进思想和品牌营销体系还不完善……种种因素的叠加，令个别国人产生自卑意识和崇洋心理。

有人曾声称，这种意识和心理可能至少波及三代人："50 后""60 后""70 后"。其中，"50 后"的黄金青春时代恰值"文革时期"，"60 后"青少年时期感受过贫穷，"70 后"虽然没经历过这些，不盲目崇洋，但他们感受到巨大差别，对西方成熟的品牌运作有种由衷的欣赏。

这些历史、文化和心理因素的叠加，导致几代人存在对中国品牌的刻意审视和对西方品牌的盲目追捧。这加剧了本土品牌面临的挑战，也导致西方品牌在高档、高端领域长期霸占市场，许多国外的中低端品牌进入中国市场，摇身一变就身价倍增。同时，众多中国企业在进军西方市场时出现"迷之不自信"。

当然，这种观念在进入 21 世纪 10 年代开始有了改观。2018 年，改革开放 40 年之际，"国潮"风开始劲吹，且不断发酵、深化，成为一股浩浩荡荡的时代洪流。这无疑为中国品牌崛起和成长创造了有利条件和最佳土壤。

巨量市场

中国人口众多，占世界人口的约18%，原来的物质消费水平极低，市场一旦打开，增容的速度异常惊人，形成了增长极快、增量明显的巨量消费市场。这中间，迅速诞生了无数的企业成长传奇、大量的高速增长故事和一批批的规模企业。比如房地产、互联网企业，在西方成熟经济体内不可能如此迅猛地成长。细究之下，我们发现，许多企业是在勤奋、吃苦、胆量、努力的基础上"低质量发展"，不注重产品的质量，只追求数量和增速；更强调人力、土地、资金等物质要素，而非知识要素；只关注经济增长的一个维度，不关心环境、公平和责任……

目前，中国市场还在继续扩容，对高档、高端产品的需求正在猛增。富裕起来的国人有权利享受更好的产品和服务，享受更美好的生活。这是中国品牌成长、壮大的有利环境，也是其未来出海的最佳"港湾"。想想我们十多年后赶上中等发达国家、二十年后进入发达国家行列这样的图景就令人无限激动和憧憬。在此过程中，会诞生多少巨型企业、强势品牌，会有多少高端品牌成为世界消费与文化的风向标！

一元化市场

西方市场经济的多主体的格局使其市场存在多元性特征，政府和党派、协会、非正式组织、利益团体、媒体、游说组织、地方政府、法制等均有不同的利益集团驱动，整体上却表现出某种动态均衡性。尽管总体上服务于资本利益集团，但投票成为一种协调和决策机制，法治成为连接一切的基础公共设施。因此，其市场由多方力量影响而动，不致出现巨大的波动或显著的偏向。

我国是社会主义市场经济，前30年比较突出市场调节——企业"八仙过海，各显其能"，政府在GDP增长、基础设施建设和产业政策等方面发挥强力推动作用；未来三四十年，我国的社会主义特色会一步步强化，这是我们的国家性质决定的，也与我国数千年来的文化价值观契合。

然而，由于法制不完善、相关组织运作乏力等诸多原因，我国市场往往呈现一元化的特点，中国的企业家要客观认识这种一元特点，像西方企业一样，以战略的确定性对抗环境的不确定性，秉持长期主义和品牌思维，塑造核心能力，穿越政策周期。

高端品牌"典型迭代"

20 世纪八九十年代，很多行业的企业普遍获得了利润丰厚的领先者红利。但随着进入者越来越多，竞争日益激烈，一些缺乏核心技术的企业陷入"囚徒困境"，价格成为竞争的武器。这种价格竞争在家电行业表现得最为凶猛和典型，不足十年工夫，彩电、微波炉、VCD/DVD、厨电等产品利润率迅速摊薄到个位数，甚至出现亏损。

在快消品行业也是如此，利润率高速增长的保健品行业经常面临假冒劣质危机令行业周期性受损；而日化行业则陷入广告战、招商战的泥潭，企业最后的命运要么是被收购，要么很快沦为庸常。

白酒行业也存在类似的情形。20 世纪 90 年代央视"标王"大热，受早期孔府家酒的成功效应驱动，"标王"很快成为白酒行业冒险者的角逐对象：孔府宴酒、秦池酒等个个来势汹汹，一时间风头盖过了五粮液、茅台和泸州老窖，然而几年后这些品牌几乎销声匿迹。急于求成是我国经济快速发展带来的"副产品"，在很多企业家身上表现明显。

第一波：20 世纪 90 年代，刚需冲"高"

即便在价格战频仍的 20 世纪 90 年代，仍有企业踏上了高端"探路"之旅，服装品牌"例外"就是在这一时期诞生的。当然，这种设计师品牌天生具有高端气质，但难以形成规模。音响行业也曾兴起高端潮流，但仅仅十年，整个行业便偃旗息鼓。

白酒行业在这波高端化浪潮中表现明显，如酒鬼酒、水井坊、五粮液、泸州老窖……这源于国人的饮酒文化使白酒变成了一种刚需，因为刚需，白酒行业有一种周期性的"冲高"冲动。当然，核心是白酒行业的制造成本有限，毛利空间很高，虽然略逊于保健品、日化行业，但一瓶白酒从出厂价到零售价翻几倍也属常事，至于高端酒则可能翻一二十倍。高毛利给了白酒企业充足的广告与营销空间。

进入 20 世纪 90 年代，白酒行业刚刚经历 1989 年出台的"名酒不准上公务宴席"的政策，进入中低端市场变成"共识"。泸州老窖、古井贡酒、山西汾酒等推出了"名酒变民酒"运动，五粮液迅速扩充产能，又推出 OEM 和买断经营模式，五粮醇、五粮春两个品牌进入下沉市场，此举令其一跃成为酒业大王，某种程度上稀释了其主品牌的高端形象。

其中，最亮眼的要数水井坊、国窖 1573 的横空出世。2000 年，全兴酒厂借水井街酒坊遗址被发现、热炒之机，推出高端白酒品牌"水井坊"。甫一问世，水井坊的售价就高达 600 元左右，直接超过了当时的五粮液和茅台。紧接着，在 2001 年 3 月，泸州老窖如法炮制，将其两年前创立的高端旗舰品类"国窖 1573"全力推向市场。它们的套路相似：打的都是历史文化牌，背后则是广告宣传战。短短数年，两者取得了很大成功，激励了更多酒企推出高端系列。可惜的是，水井坊的母公司全兴酒业很快"远嫁"外资，影响了后续的表现；而"国窖 1573"在 2014 年因挺不住市场冲击接连降价，也影响了其高端品牌形象。

唯有茅台坚持到了最后，也笑到了最后。它不但在 20 世纪 90 年代扛住了几次行业调价的冲击，而且在 21 世纪一直坚定推进高端化战略，产品几乎年年都在涨价。这种做法看似"无为""守拙"，却最终吃到了高端品牌长期主义的巨大红利。

第二波：21 世纪 00 年代，价值经营

自 2001 年底加入 WTO 后，中国外向型经济按下加速键，外资企业纷至沓来，中国也加速成为世界的"生产车间"。由于缺乏核心技术，各个行业陆续上演猛烈的价格战，OEM 模式成为众多企业的选择（虽然赚得少，

但稳定可靠；虽然没有品牌，但不费什么事）。

不过，在此期间，还是有一批企业家勇敢"逆风而行"，主动向价值经营的高峰进发。

先行者是乳业、水、日化等快销品行业。其中，乳业取得的成效最为明显，特仑苏、金典等高端子品牌在行业大战和危机中屹立不倒，越战越勇；水行业如"昆仑山"；日化行业大多走的是大众化路线，但上海家化打造的高端品牌"佰草集"成为行业亮点。

建材家居行业得益于房地产业的崛起而迅猛发展，旺盛的需求、较强的个性化给了各类产品成长的空间。这一时期，慕思、美克美家、简一、威法等一批企业踏上了高端之途，广东乐从甚至诞生了专门从事高端进口家具经营的罗浮宫家具博览中心（以下简称"罗浮宫家居"），当然也有因经营不善而折戟的高端品牌，如达芬奇家具。

在此时期诞生的大疆尚籍籍无名，但创始人的志向已悄悄埋下；华为已经在全球通信技术领域崛起，但对外相当神秘，人们对任正非在《华为的冬天》《北国之春》两本书中所倡导的危机感津津乐道。此时的华为着重于 B 端生意，问世的华为手机也主攻低端工程机市场。

最亮眼的当数海尔旗下高端品牌卡萨帝的诞生。当时，这不但令内部不少员工难以理解，外部家电同行更是观望、质疑。彼时，第一轮"家电下乡"政策施行，行业都在利用国家刺激政策对下沉市场展开新一轮营销，卡萨帝可谓逆潮流而动，它不但要面对消费者的种种挑剔，还要历经从设计到技术等一系列核心能力的炙烤。

然而，卡萨帝顽强坚持了下来。如同《孤勇者》歌中所唱的——"谁说站在光里的才算英雄"，卡萨帝在为国人接受、同行效仿之前，曾经穿越了长达 10 年的"黑障区域"，在孤独中咬牙潜行，最终收获巨大成功。

第三波：21 世纪 10 年代，主动升维，高端定位

如果说在 21 世纪 00 年代，高端品牌还是利润丰厚的行业或少数企业

的探索，那么 10 年代的企业家和品牌便有了更多的觉察、信心和执着。一方面，富裕起来的国人开始推动着消费升级；另一方面，中低端市场渐成企业红海，促使一批企业家另辟蹊径、迎难而上。

华为手机和大疆无人机是其中的典范。它们让我们看到，中国科技类企业迅速攀爬至世界的高峰，进而仅用数年工夫可以将中国高端品牌推向全世界。其中华为更值得一提，2018 年，它遭到超级大国的连环打压，在智能手机市场上一度跌至"其他"行列，但仍倔强地在高端领域保持着强大的存在，并于 2023 年王者归来。大疆无人机在 2010 年时营收仅数百万元，2013 年才发布第一款无人机产品，十年后竟然掌控着全球无人机市场约 80% 的份额。

这两家企业都上演了高端品牌崛起式"中国速度"，让世界对中国制造和中国品牌的印象大为改观。

此时经过十年淬炼，卡萨帝实力大增，于 2017 年开始加速成长，在 5 年时间业绩增长了 10 倍，并在诸多家电高端品类中占据了统治级的地位：2022 年，卡萨帝冰箱 1 万 + 价位段市场份额为 38.5%，卡萨帝洗衣机 1 万 + 价位段市场份额为 77.2%，卡萨帝空调 1.5 万 + 价位段市场份额为 30.6%，卡萨帝热水器年累计市场份额为 13.6%，卡萨帝冰吧市场份额为 68%、酒柜市场份额为 86.2%……它几乎以一己之力将很多盘踞在高端领域大赚利润的国外家电品牌挑落马下。

当然，在厨电领域，还有方太、老板和华帝等高端品牌，它们成功地在一个细分家电行业占据了高端市场。这在其他行业是相当罕见的，厨电行业因此成为高质量发展表现优异的行业。其中，方太一马当先，同省的老板电器紧紧跟随，至于广东中山早已成名的华帝厨电，虽在高端方面有些摇摆，但在 2015~2018 年历经三年变革升级，再度将华帝往高端厨电品牌序列拉升，上演了一个短时间品牌整体升维的范例。

说起方太和老板，不能不提及在 10 年代开始活跃在中国企业界的一股咨询服务势力——以特劳特（中国）、里斯（中国）和君智咨询等为代表的"定位派"。它们成功拉来特劳特和里斯合著的《定位》(或译《品牌定位》)一书作大旗,以简单得近乎粗暴的方式制定战略并落地执行。一时间,方太2010年宣称成为"中国高端厨电专家与领导者",老板电器则在2012年宣称"老板高端吸油烟机15年销量遥遥领先",后来甚至直接宣传自己是"高端厨电领导者"。

彼时,"高端××领导者"、"高端"或"遥遥领先"几个词汇被一些品牌和咨询机构频频使用:简一、飞鹤、雅迪、爱玛、九牧、良品铺子……它们将"高端"二字嵌入自己的广告语中,以凸显所谓的高端战略。这固然一度颇具成效,但也给人审美疲劳或创意贫乏之感。

相比之前的本土"策划派","定位派"显得更为洋气和专业,将原本是品牌传播领域的一个概念上升为企业战略,成为本土理论的一种创新。在操作上,它在聚集战略的总方针下,以"配称"调度起企业足够的传播资源和组织行为进行认知轰炸,这种"力出一孔"的策略可能带来两种命运:成功者广为人知,失败者无人问津。

客观而言,"定位派"在这一时期力推的"高端"虽然贴标签的意味过浓,但恰好暗合了消费升级的大潮和企业追求差异化竞争的诉求,并成为中国品牌向高端战略升级的重要推手之一。

不过,随着时间的推移,其与品类深度绑定的做法受到越来越多的质疑。在一些对奢侈品品牌的研究中,有专家干脆提出"抛弃定位"的口号,认为定位是基于竞争而推进的战略,像奢侈品这样的高端品牌更应该关注自身而非对手,更应该关注价值观的张扬而非品类的强化。

在高端品牌实验室看来,从某种程度上,与品类的强链接是企业初级阶段的需要,是一种现实的做法。它更多是基于市场竞争而非关注顾客价值。真正的高端品牌应该关注生活方式、情感表达和价值诉求。只是,企业家更喜欢简单而有效的方式——像傻瓜相机那样,"定位派"的成功迎合了这种心理。本质上,它对于强调长期主义的高端品牌是一种背离,却不失为解决成长性企业品牌升级问题的一种临时药方。

第四波：21 世纪 20 年代，龙舞东方

2020 年 6 月 23 日，贵州茅台股票价格上涨 2.47%，报收于 1474.5 元 / 股，市值超 1.85 万亿元，超过中国工商银行市值 1.83 万亿元，登顶 A 股市值第一，同时超越了全球奢侈品龙头 LVMH（路易威登），成为奢侈品行业第一。彼时，LVMH（路易威登）市值 1956 亿欧元，约合 1.55 万亿元人民币。

当人们以为这已是茅台的巅峰时，殊不知 2021 年 2 月 9 日，贵州茅台市值突破 3 万亿元大关。仅仅一个中国巨量市场，就已经托起一个高端品牌市值之王。这是中国市场的魅力，也是高端品牌的价值。

大疆无人机在近十年内的快速崛起令世界印象深刻。它不但在全球市场上的销售额及市场份额均居于前列，还被称为实现全球科技垄断的中国企业之一。人们惊呼"第二个华为正在出现"。2022 年，大疆公司的营收达 1700 亿元，比起上年的 530 亿元足足增长了 3.2 倍！

在大疆公司的影响和带领下，中国无人机产业取得长足的发展，仅深圳就有 300 多家无人机企业。目前，世界上前 13 名的消费级无人机品牌中，有 8 个来自中国。很多受到追捧的无人机产品都是"中国智造"。

接下来就要说到 2023 年初的比亚迪"仰望"了，一上市就震撼全球汽车工业界，其惊艳程度堪比当年特斯拉问世。

"仰望"现象的背后是国家政策驱动中国新能源汽车正实现的"换道超车"。2014~2022 年，我国新能源汽车的产销量连续 8 年位居世界第一；2021 年，我国跃居成为全球第一新能源汽车出口大国；2022 年，中国新能源汽车销量占全球新能源汽车市场的比例超过六成！

与此同时，蔚来、理想、红旗等一批品牌开始向高端领域迈进，斩获颇丰。现在，它们中的许多品牌已将目光和网络延伸到全球市场，向生产豪华车的欧洲挺进。

高端品牌一定要贵有所值，对于电子科技类产品而言，技术和创新无疑是其有力的支撑。一批高端科技品牌在全球的闪耀告诉我们，属于中国的高端品牌时代正在来临。

PART 06

第六章

奢侈品发展与
中国市场

被异化的高端品牌

提起高端品牌，人们首先会想到奢侈品，如爱马仕、古驰、路易威登、香奈儿、普拉达等品牌以及珠宝首饰、高级时装、豪华游艇、私人飞机等。

奢侈品被定义为"一种超出人们生存与发展需要范围的，具有独特、稀缺、珍奇等特点的消费品"。

在多数人的观念里，奢侈品通常指价格高昂的非生活必需品，也有许多人将购买奢侈品等同于挥霍、贪欲与炫耀等行为。

在《奢侈品史》的作者彼得·麦克尼尔、乔治·列洛看来，奢侈品的概念并非一成不变，它取决于当时的文化、思想、道德、经济水平甚至宗教。比如，如今随处可见的郁金香，在16世纪末17世纪初的荷兰是千金难买的奢侈之物，一株郁金香的价格甚至能买到一栋阿姆斯特丹的房子。

不同时期，奢侈品有不同的定义。

在一万多年前，人类生存艰难，装饰墙壁的壁画是那个时期的奢侈品。进入封建社会以后，翡翠玉器、瓷器古玩、名家字画成为奢侈品。作为文化传承的媒介，这些物品经过岁月的沉淀已成为艺术杰作，如唐代的三彩陶瓷、宋代的青花瓷等。

奢侈品通常和稀缺性关联在一起。一些如今再寻常不过的商品，在某个历史阶段可能就是奢侈品，如巧克力、咖啡、郁金香、棉花、葡萄干等。当时，这些商品并不是日常生活所需，由于其稀缺性，便成为一种身份与地位的象征，只有少数人才能享用。15 世纪的欧洲，东方的香料和丝绸由于需要经过漫长的丝绸之路才能获得，因此极其稀缺且昂贵，成为当时的奢侈品。

17 世纪，法国国王路易十四大力发展艺术，兴建了豪华的凡尔赛宫，宫廷的吃穿用度都追求极致的精致。受到国王的影响，法国贵族也开始追求奢侈生活，这使得一些提供高端商品和服务的工匠和商人得到了发展。后者创建的初期的"品牌"成为当时的奢侈品。

随着工业革命的到来，大规模生产和全球贸易兴起，许多原先稀缺的商品开始大量出现，令过往的奢侈品逐渐进入普通人的生活。这一变化使"奢侈品"这个概念开始变得模糊。例如，随着巧克力和咖啡的大量生产，它们从奢侈品转变为日常消费品。同时，一些新兴的品牌则走进宫廷贵族，19 世纪中后期，爱马仕、路易威登以皇家定制为突破口，成为当时的奢侈品代表。

20 世纪以来，电影、电视、报刊等大众媒体的流行，令富人与名人的生活不断曝光，奢侈品逐渐与时尚联系起来，走进寻常百姓家。这种全新理念让其焕发出新的生命力，成为人们美好生活方式的一部分。这时的奢侈品品牌被赋予了更多的象征意义，它们不仅仅代表着产品的质量和价值，更成为社会地位、个人品位和生活方式的象征。随着人们品牌意识的提升，奢侈品市场日益走向繁荣。

在高端品牌实验室看来，奢侈品其实就是一类被"异化"的高端品牌。这种异化既来自大众或异域消费者的观感，又来自这些品牌的刻意追高的品牌塑造动机。

进入 21 世纪，互联网时代背景下的奢侈品更加细分，它不仅仅局限于实体物品的范畴，还包括精神层面的追求。除了高档汽车、珠宝、时装、香水、腕表等以外，时间自由、有机生活、挑战极限、太空探险等也成为奢侈品的一部分。这种转变反映了社会的进步和人们价值观的变化。

随之，奢侈品的定义变得更为抽象和个性化。除了物品的稀缺性和价格，品牌的历史和故事、设计的独特性、消费者的情感需求等因素也开始被纳入其中。现代的奢侈品不再仅仅是产品，也可以是一种体验和服务，或者一种文化消费，如一次定制的环球旅行、一场私人音乐会，甚至一份个性化的健康方案。

随着科技与时代的发展，数字化已经成为奢侈品行业的变革趋势。从消费者洞察、智能推荐，到购物场景匹配、定制化内容生成，数字化正在重新定义奢侈品的购买和消费体验。随着虚拟现实、增强现实等技术的应用普及，消费者在家中就能体验奢侈品的购买和使用，甚至可以定制属于自己的虚拟奢侈品。

虽然奢侈品的定义和形态在不断变化，但其核心仍然是提供超出人们物质需求的精神满足和情感连接。从古代的艺术品到现代的品牌商品、从高级定制到虚拟体验，奢侈品始终是人们对美好生活的向往和追求的一部分。

全球奢侈品品牌的发展

两三百年前，奢侈品品牌大多通过为欧洲皇室、贵族定制起家，经口口相传而成为"技艺精湛"的代名词。在相当长的时间里，它们多以家族作坊的形式存在。

奢侈品行业真正形成产业化经营，是在 20 世纪 80 年代。经过并购整合后，全球的奢侈品产业形成了三大集团（路易酩轩、开云、历峰）分庭抗礼的局面。

根据时间轴，我们可以将全球奢侈品品牌的发展分为三个阶段：

第一阶段：19 世纪至 20 世纪初，奢侈品品牌萌芽期

19 世纪下半叶，工业革命、殖民主义为欧洲带去大量财富。同时，艺术百花齐放，许多艺术流派如印象主义、野兽派、超现实主义等诞生于该

历史时期。欧洲的黄金时代正式开启。

在工业进步、财富累积、艺术繁荣等多重效应叠加之下，奢侈品有了生存发展的肥沃土壤。最初，奢侈品的主要消费群为贵族阶层，后来新兴的企业家阶层、银行家阶层开始效仿欧洲贵族，成为奢侈品的主力消费群。

在该阶段，欧洲奢侈品产业格局初具雏形。其中，钟表业集中分布在瑞士，珠宝、服饰集中在法国、意大利。绝大多数的奢侈品品牌以家族作坊的形式进行小批量的生产与销售。

期间，涌现了娇兰（创立于 1828 年）、爱马仕（创立于 1837 年）、卡地亚（创立于 1847 年）、路易威登（创立于 1854 年）、宝格丽（创立于 1884 年）、梵克雅宝（创立于 1906 年）、香奈儿（创立于 1910 年）、普拉达（创立于 1913 年）、巴黎世家（创立于 1917 年）、古驰（创立于 1921 年）等品牌。

第二阶段："二战"后至 20 世纪 70 年代，奢侈品品牌繁荣期

"二战"后，西方经济快速发展，人均收入大幅增长，奢侈品品牌进入繁荣期，尤其在没有遭受战火的美国，奢侈品消费渐成风潮。

在该阶段，奢侈品的品类开始不断丰富。在服装业，除了定制高级时装，还推出了批量化生产的高级成衣；同时，诞生了大量的设计师品牌，如迪奥、纪梵希、圣罗兰等。

该阶段诞生了兰蔻（创立于 1935 年）、巴黎世家（创立于 1936 年）、思琳（创立于 1945 年）、雅诗兰黛（创立于 1946 年）、迪奥（创立于 1947 年）、纪梵希（创立于 1952 年）、华伦天奴（创立于 1960 年）、圣罗兰（创立于 1962 年）、葆蝶家（创立于 1966 年）、阿玛尼（创立于 1975 年）、范思哲（创立于 1978 年）等品牌。

第三阶段：20 世纪 80 年代至今，奢侈品品牌整合期

20 世纪 80 年代，全球化浪潮再度迎来高潮，品牌出海发展成为大势。不少家族化运营的奢侈品品牌在管理与资本上遇到双重挑战，遭遇瓶颈。

在资本的助力下，这些品牌进入并购、整合、上市的高峰期。

在该阶段，形成了 LVMH 集团（拥有路易威登、轩尼诗、纪梵希、迪奥、娇兰、馥蕾诗、宝格丽、蒂芙尼等品牌）、开云集团（拥有古驰、圣罗兰、葆蝶家、巴黎世家、宝诗龙等品牌）、历峰集团（拥有卡地亚、登喜路、万宝龙、江诗丹顿、积家、万国、沛纳海等品牌）三强争霸的局面。

2021 年，全球排名前三的奢侈品品牌的市场占有率达 11.8%，头部三家 LV、香奈儿、古驰的市场占有率分别为 4.6%、3.8% 和 3.4%，排在后面的分别为卡地亚、劳力士、爱马仕、迪奥、蒂芙尼、迈克高仕、拉夫劳伦等（见图 6-1）。LVMH、开云集团、历峰集团三大集团左右了全球奢侈品的发展格局，市场占有率分别为 11.5%、6.8% 和 5.4%，三者合计为 23.7%。

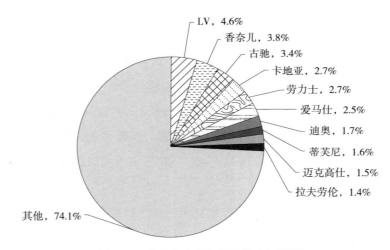

图 6-1　全球个人奢侈品品牌市场份额

资料来源：笔者根据 2020 年各品牌公开资料整理绘制。

随着这些集团陆续上市，奢侈品品牌的盈利能力大大增强。

此外，奢侈品集团也在积极地通过收购与合并，为消费者提供灵活多样、更具差异化或定制化的产品组合及服务选择，同时拓宽产品线，通过多样化的价位来吸引更广泛的消费者。例如，LVMH 持续投资高街时尚品牌，2021 年 7 月收购了 Off-White 的多数股权，2022 年 1 月收购了纽约潮流品牌 Aimé Leon Dore 的少数股权；古驰不断推出联名合作系列，分别推出与阿迪达斯、哆啦 A 梦等品牌或 IP 的联名款。同时，奢侈品品牌利用消费者既热衷品牌又更喜欢实惠的心理，推出了更加平价的产品。例如，爱马仕推出了护肤和彩妆系列，价格较皮革产品亲民很多；LVMH 投资 HEAT 并推出"盲盒系列"，降低价格，提供消费者心仪已久的产品。

　　奢侈品集团对环保和可持续性的关注也在增加。它们正与数字领域经验丰富的公司和创新型初创企业建立战略合作伙伴关系，以求在持续打造出新产品、找寻改善服务新方法的同时，减少自身对环境的影响。业内规模居前的各大企业正倾力为初创企业和孵化器之间的创新竞赛提供赞助，以推动创新实践，并促进时尚新打法的普及，其最终目标是在实现数字化和可持续性上做到有的放矢。例如，开云集团与 Fashion for Good 合作推出"Plug and Play-Fashion for Good"创业加速器，并与 C&A 基金会合作，以支持并推进奢侈品与时尚行业的可持续创新。普拉达集团与 Startupbootcamp（SBC）开启了一项为期三年的合作，在米兰打造了一个专注于时尚行业的全球创新中心——Fashion Tech。Startupbootcamp 为多家企业提供支持（在欧盟地区属规模最大），致力于帮助初创企业实现国际化发展。爱马仕也在其环保报告中表示，它们正在积极减少其生产过程中的环境影响，并将可持续性作为其品牌战略的一部分。

　　在该阶段，亚洲成为奢侈品消费的新兴市场。20 世纪 90 年代前后，日本成为全球奢侈品消费大国，1990 年，日本奢侈品市场规模高达 1.65 万亿日元。进入 21 世纪，中国迅速成为奢侈品的主要消费市场。2021 年，中国的奢侈品消费额高达 4710 亿元。

　　2023 年，全球个人奢侈品市场达 3923 亿美元，主要奢侈品品类基本可以分为四大类：服饰鞋履、皮具、化妆品与珠宝。其中，服装鞋履的市场规模最大，达 1411.4 亿美元，中国市场占比 12.40%（见表 6-1）。随着中国消费者对品质生活的追求不断提升，以及互联网和电子商务的快速发展，线上购物市场和下沉市场存在着巨大的增长空间，中国的奢侈品市场将会进一步扩大（见图6-2）。

表6-1　全球个人奢侈品行业品类情况

品类	全球市场规模	中国市场占比	前五大品牌
服饰鞋履	1411.4亿美元	12.40%	拉夫劳伦、古驰、卡文克莱、路易威登、雨果博斯
皮具	696.3亿美元	23.50%	路易威登、古驰、爱马仕、迈克高仕、古驰
化妆品	527.4亿美元	16.40%	香奈儿、迪奥、后（WHOO）、圣罗兰、阿玛尼
珠宝	522亿美元	16.87%	卡地亚、蒂芙尼、梵克雅宝、宝格丽、斯沃琪

资料来源：根据公开资料整理。

图6-2　各地区奢侈品市场份额

资料来源：笔者根据 Euromonitor、Frost & Sullivan、普华永道分析整理得出。

　　整体而言，奢侈品市场已经发展到了相当成熟的阶段，品牌整合和全球化战略推动了市场的进一步扩展和深化。亚洲市场，特别是中国市场的崛起，为奢侈品市场带来了新的机遇和挑战。互联网和电子商务的发展，使奢侈品市场的销售模式发生了变化。环保和可持续性，以及社会责任的问题，也对奢侈品市场的发展提出了新的要求。这些都是奢侈品市场在未来发展中需要面对的新课题。

迅速扩容的中国市场

　　2021年，LVMH、开云集团、历峰集团在亚太（除日本外）地区的营收占比分别达到 35%、38%、45%。在以上三大奢侈品集团的营收中，亚太地区所占比重不断提升，尤其是中国市场的占比，战略重要性越来越凸显。

《2021 年中国奢侈品市场报告》显示，2021 年中国个人奢侈品市场规模（不含港澳台地区）较 2019 年翻了一番，约合 4710 亿元人民币。预计到 2025 年，中国市场份额占比将提升至 1/4 左右。

目前，中国奢侈品市场的品牌格局稳定，LVMH、开云集团、历峰集团合计市场占有率高达 34.2%，其中前五大品牌市场占有率分别为 7.4%（LV）、5.8%（香奈儿）、4.8%（卡地亚）、4.3%（古驰）以及 3.0%（爱马仕），然后分别为迪奥、蒂芙尼、劳力士、博柏利等。

2021 年，国内高奢商场的销售额增速惊人，绝大部分增速超过两位数（见图 6-3）。

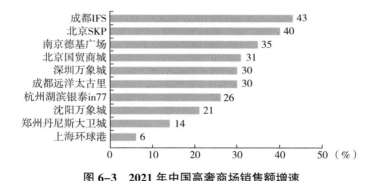

图 6-3　2021 年中国高奢商场销售额增速

资料来源：华经产业研究院。

2022 年，贵阳首家奢侈品商场 Lavant 荔星中心、郑州首家爱马仕专卖店相继开业。近两年，SKP 相继选址成都、昆明、呼和浩特、杭州，计划在这些城市新开商城。K11 计划于 2026 年前，在香港和内地新开 24 家门店。万象城计划在杭州新开三家商城，同时也在海口、福州、兰州、南昌、长春等地计划开店。与此同时，一些综合类购物中心如西单大悦城、王府井百货、翠微百货等也在向上升级，竞相引进奢侈品品牌，以提高客单价与盈利能力。

　　随着三、四线城市中等收入人群的崛起，奢侈品品牌开始渗透下沉市场，一些高端购物中心也纷纷入驻三、四线城市（见图6-4）。据瑞银发布的《2021年中国购物中心深度研究报告》，中国奢侈品商场数量将在五年内实现翻倍。

　　得益于线上购物和下沉市场空间存在两大有利因素，预计2022~2025年，中国奢侈品销售额年均复合增速将达到16%以上（见图6-5、图6-6）。

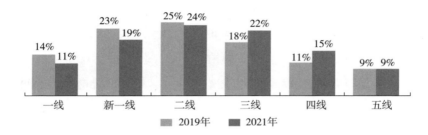

图 6-4　中国各级城市奢侈品市场渗透率

资料来源：笔者根据 Euromonitor、Frost & Sullivan、普华永道分析。

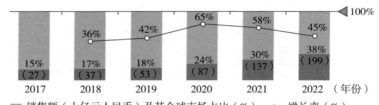

图 6-5　中国奢侈品销售额及增长率

资料来源：笔者根据 Euromonitor、Frost & Sullivan、普华永道分析。

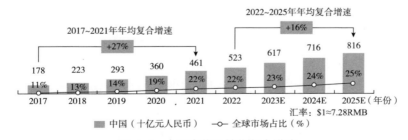

图 6-6　中国奢侈品销售复合增速

资料来源：笔者根据 Euromonitor、Frost & Sullivan、普华永道分析。

国内奢侈品消费增长的另一个原因是，近年来消费者在国内可以得到更优质的服务、更多的货品供应、更小的价格差异。奢侈品的境内外价差已经逐步缩小，驱动更多中国消费者的消费回流。一方面，中国政府自2015年开始就持续性地降低进口消费品税，目前除硬奢以外，其他品类税率已经基本较低。另一方面，以香奈儿为代表的部分奢侈品品牌开始调整定价策略，以保证众多市场产品定价的一致性，打击个别市场的批量购买和转售行为。

海南已成为中国新兴的奢侈品消费地。贝恩公司的《2022年全球奢侈品行业研究报告》显示，海南自由贸易港已成为不容忽视的新兴奢侈品消费地，其销售额约占中国市场的13%。多方数据显示，2021年海南离岛免税店销售额突破600亿元，同比增长超过八成，其中奢侈品约占海南免税店销售额的95%。

海南将在2025年底前实现全岛封关运作，这将更大促进免税品和奢侈品市场的发展。随着时间的推移，海南将会开设更多的高端购物中心，奢侈品品牌入驻海南开设品牌精品店将成为新的潮流。

此外，近几年，品牌加速从传统线下向数字化线上转型。《2022中国奢侈品报告》数据显示，2022年中国奢侈品市场线上销售额达2000亿元，国际奢侈品品牌在中国的线上交易额增长约31%，达到2200亿元人民币。线上全线布局成为国际奢侈品品牌的普遍策略，品牌官网、微信小程序、电商平台、抖音等成为"必争之地"。在此背景下，基于抖音的内容运营、基于小程序的活动策划、基于社交软件的圈层营销，成为国际奢侈品品牌线上业务的三大重点。

奢侈品集团与电商平台正在进行紧密合作，并共同创立了"奢侈品新零售联盟"（Luxury New Retail，LNR），目的是构建更加紧密的分销网络，进一步整合和巩固中国的消费市场。例如，奢侈品零售平台发发奇进入阿里巴巴的奢侈品频道，就是阿里巴巴、发发奇和历峰在2020年11月共同发起的"LNR计划"的一部分。该计划旨在引领全球奢侈品零售业的数字化进程。持有开云集团 41.4% 股份的 Pinault 家族控股公司 Artémis 的 François-Henri Pinault 也加入了这个联盟。LNR 计划利用发发奇和阿里巴巴先进的全渠道零售技术来满足奢侈品企业的需求，其中包括由发发奇提供的一整套企业解决方案。此外，历峰集团通过其与阿里巴巴的合资企业，提供了奢侈品零售方面的专业知识、与品牌深度合作的 YOOX NET-A-PORTER 以及专业的策展和客户关怀服务。两家公司都表示，加入 LNR 的奢侈品品牌可以通过其自己的专卖网站或在天猫奢侈品频道中的多品牌平台发发奇或 NET-A-PORTER 店铺，为中国的奢侈品消费者提供服务。

随着国人信心的提升，年轻的高端消费者对自己的文化有着更强烈的认同感，他们对人文艺术充满求知欲，寻求对本土历史人文、匠心技艺的追本溯源，并渴望本土传承百年的工艺、文化遗产能够被更多人看到，甚至获得世界的关注。奢侈品品牌也在借鉴中国传统文化的独特魅力，将理念和故事融入品牌和服务体验中，以满足中国消费者的偏好。2023 年 3 月，卡地亚发布了一支名为《卡地亚风格史诗：中国情缘》的视频广告，通过展示多种具有中国元素的珠宝设计，强调了卡地亚对中国文化的尊重和理解。这不仅加深了中国消费者对卡地亚品牌的认知，同时也使他们与品牌的情感联系变得更加紧密。

消失与重生

中国奢侈品品牌的历史最早可以追溯至 1848 年。那一年，"老凤祥裕记银楼"正式诞生。经过一个多世纪的风雨，至 2023 年，老凤祥成为中国唯一延传 175 年的银楼。

1894 年，松竹斋店主将店名改为"荣宝斋"，此后成为闻名遐迩的老字号店铺。

晚清时期，中国曾诞生一大批为皇家定制服饰、器皿的匠人，但随着清王朝覆灭，存在了几千年的皇室贵族退出历史舞台，这些匠人便散落民间。

民国时期，西式审美开始流行。许多匠人很难适应西式审美需求，渐渐消失在茫茫人海里。

1949 年，中华人民共和国成立，整个国家百废待兴。1955 年，新中国第一只机械手表"五星牌"手表诞生，后改名为"东风"，1973 年改名为"海鸥"。

改革开放之后，一部分人先富了起来。与此同时，法国不少奢侈品品牌适时进入中国，填补了国内市场的空白，俘获了一部分消费者的心。

1988 年，香港著名珠宝品牌谢瑞麟于粤港交界的沙头角开设了一间珠宝零售店，成为进军中国内地市场的首家香港珠宝商。1993 年，首创成色达到 99.99% 的"四条九"足金的周大福进军武汉，在当地合资成立了"武汉新福珠宝金行有限公司"，展开了进军内地市场的第一步。当年周大福进武汉时，只有 100 家分店，截至 2023 年 9 月，这一数字已经达到了 7458 家。

几乎在同一时期，最早在香港上市的珠宝品牌周生生进入中国福建，开设内地第一家分店。经过近三十年的经营，周生生直营店已达 800 多家，总营收达 220 亿港元。

随后，香港的知名珠宝品牌相继进入中国内地市场。

在此后的三十年里，中国陆续诞生了一些新的珠宝品牌，但品牌知名度、市场影响力远不及来自欧洲的奢侈品品牌。

进入 21 世纪，中国消费经济飞速发展。加入 WTO 让中国的全球化进程加速，更多欧美的奢侈品品牌涌入中国。如今，数亿中等收入消费群体的消费观正在发生变化。追求高品质的生活方式，已成为这个时代不可阻挡的潮流。

尽管中国本土奢侈品品牌的声音十分微弱，但以老凤祥、周大福、周生生、周大生、明牌珠宝等为代表的珠宝品牌，在激烈的竞争中快速崛起，为本土奢侈品品牌的发展争取了一定的空间。在腕表市场，本土品牌也表现出色，以海鸥为代表的腕表品牌出口海外，成为中国品质的一张名片。在皮具、配饰、化妆品等领域，目前中国尚未诞生出具有广泛影响力的奢侈品品牌。在服装领域，除了上海滩（ShanghaiTang）、东北虎（NE·TIGER）具有一定的影响力，其他的品牌无法与国外奢侈品品牌相抗衡。

中国目前已成为全球最大的奢侈品消费市场，然而消费的对象主要集中在国外品牌，而非本土品牌。这是一个值得深思的现象，也是一个亟待解决的严峻问题。中国拥有丰富的高端商品，例如细腻的陶瓷器皿、珍贵的翡翠玉器、精致的文房四宝、华丽的绫罗绸缎、独特的刺绣旗袍、口感独特的普洱茶和龙井茶，以及传统的明清家具等，如何才能打造出具有世界影响力的奢侈品高端品牌是一个亟待研究和解决的问题。

中国的历史、文化和传统工艺丰富多样，其中的许多元素可以被用来设计和生产奢侈品。例如，陶瓷器皿在中国乃至全世界都享有很高的声誉；中国的翡翠和玉器，因其精湛的工艺和独特的美感，被誉为"东方宝石"；此外，中国的文房四宝（笔、墨、纸、砚）、绫罗绸缎以及刺绣旗袍等都是中国传统文化和艺术的体现，具有深厚的文化底蕴和艺术价值。这些丰富的高端商品资源，要想在奢侈品市场上取得更大的成功，还需要在品牌营销、设计创新和消费者服务等关键领域大幅度提升。

PART 07

第七章

高端耐用品品牌篇：
中国力量快速崛起

高端家电品牌的发展

随着社会经济的发展，格调生活、高端品质的消费观逐渐渗透进国人的思想意识中，家电行业的高端市场迎来了高速发展。近年来，万元以上大家电高端产品的线下渠道销量增长率一直保持在30%以上，成为成长最快的细分市场之一。

当前，国内家电市场正在从增量时代进入存量时代，由过去的拼规模、拼速度发展递进到拼效率、拼质量发展的新周期。高端家电则从过去的小众市场变成重要的主流市场，其市场份额越来越大。以前市场上的高端家电只覆盖一些冰箱、洗衣机、电视等传统的大件品类，现在众多新兴家电也在加速高端化。

综合家电品牌领航高端市场

当前，高端家电市场的话语权集中在综合家电品牌的手中，如海尔（旗下品牌卡萨帝）、美的（旗下品牌COLMO）等。不过，厨电市场也诞生了方太、老板等高端品牌。

做全品类的高端品牌，头部的综合家电企业显然成功的概率更大，原因在于：高端市场的投入很大、投入时间较长，一般的中小企业的资金、资源难以长时间支撑；同时，高端市场的培育需要较强大的消费者基础，只有那些在行业中处于有利竞争地位且至少有核心品类相对领先的头部品牌，才有机会在全品类高端市场取得进展。

此外，打造高端家电品牌，需要比拼的是综合实力：一是拥有核心科技，产品技术处于引领地位；二是具有强大的人文价值观；三是能为用户创造全生命周期价值；四是拥有高品质的产品与服务，通过服务来增强用户体验；五是"颜值"很高，在色彩、材质表达和空间设计上注重艺术性和美学价值。

高端品牌在成长过程中往往要经历较长时间的战略亏损，等到消费者和市场认可的时候，才会逐渐实现盈利，因此往往需要长期、大量的投入，包括时间、资金、人员等，涉及从技术研发、供应链管理、生产制造到营销和服务等的综合能力的全方位构建。

海尔用了 5 年时间，对欧美 10 多个国家的 8 万多名高端消费者进行深度用户市场调研后，在 2006 年推出了"国际高端家电品牌"定位的卡萨帝，后又用了 10 年时间持续布局，才实现在国内高端市场的品牌认知和市场培育。

美的集团旗下的"AI 科技家电高端品牌"COLMO 自 2018 年面世以来，在投入上被重点扶持——"预算上不封顶""美的任何一项技术 COLMO 优先使用""制造能力上为 COLMO 设置专线"等，经过四年的持续性投入，才有了 2022 年产品销售总额超 80 亿元的阶段性突破。

高端消费者对家电不只有外观和品质的要求，更在意产品在成套化、前置化、智能化、健康化、场景化方面的提升。因此，综合家电品牌关注的重点不是某个细分场景赛道或者某个产品、硬件的升级，而是由智能化、套系化、场景化带来的一站式智慧家庭体验。2021 年，卡萨帝致力于以智慧厨房、智慧客厅、智慧浴室、智慧卧室、智慧阳台等全新场景方案为高端消费者打造智慧家居生活；2023 年，其更是致力于成为高端生活方式品牌。

当前，不同发展阶段的高端家电品牌面临着不同的挑战。

对处在市场爬坡期的品牌而言，消费者对其品牌或产品的认知度还需构建。为此，COLMO 一方面通过极简线条打造理性美学空间；另一方面追踪前沿 AI 科技塑造"理享生活"的品牌理念，并通过与文化、电影、艺术等多个领域的 IP 合作，不断向外界诠释其品牌文化精髓。

已有先发优势的卡萨帝则主要关注规模和品牌之间的关系。2022 年，卡萨帝的营收在 260 亿元左右，稳居国内高端家电市场份额第一。为延续这一优势，卡萨帝除了开拓多品类新品，也在布局全新的小家电、酒柜等领域。

聚焦线下渠道

全场景产品方案的打通，离不开庞大的生态资源、设备、技术的支撑。同时，要完成最终"高端场景"的销售，仅依靠线上平台显然是不够的——它无法让用户获得深刻、准确的体验，线下实体店渠道不可或缺。

中怡康《2020—2021 中国高端家电市场研究报告》数据显示，66% 的高端消费者选择线下实体店，34% 的高端消费者选择线上渠道。其中，49% 的白色家电高端消费者、45% 的厨房大家电高端消费者、43% 的平板电视高端消费者、43% 的健康家居高端消费者会选择在线下实体店购买。

在购买便利性上，线上渠道具有非常明显的优势，但大家电消费者的核心关注点不在于此，他们更注重渠道服务体验，如售后支持、安装等，对专业服务有较高期待。目前来看，线上渠道更适合作为高端智慧场景的入口，让用户能够关注到品牌对应的线下体验性门店。

比如，卡萨帝自 2013 年起持续深耕线下布局，2015 年基本实现一、二线市场全覆盖，2020 年上半年已实现县级及以上区域 95% 覆盖，2021 年三翼鸟卡萨帝 001 号店开业。

产品创新方向

随着消费的不断升级，高端家电产品也在不断迭代。从品类来看，白色家电、厨电高端化趋势明显；从趋势来看，艺术化外观设计、颠覆式创新、核心技术、智能交互是未来产品开发的四个重点方向。

中怡康《2020—2021中国高端家电市场研究报告》指出，88%的高端消费者表示"十分注重家电的外观与设计"；89%的高端消费者表示"愿意为包含新技术或先进功能的家电产品支付更高价钱"。

创新是推动家电产品高端化的原动力。近年来，创新的高端家电产品不断涌现，高端家电产品艺术气息浓厚，分区冰箱、圆柱空调、画壁艺术电视多彩复古小家电等创新产品的出现为家电产品注入了更多的科技感与艺术性。

与此同时，高端家电品牌更加重视解决方案的打造，使产品具有多重功能。例如，具有空调、新风、空气净化、加湿、除湿功能的新风空调，成为家庭的微气候调节器；具有洗衣机、干衣机功能的多功能洗衣机，成为家庭的洗护中心；具有冰箱、酒柜、美妆保存功能的冰箱，成为家庭的多功能存储中心。

技术创新方向

对于家电企业来说，高端产品能最先应用创新技术，不断优化产品的本质功能，同时提供极致的用户体验。

高端冰箱的产品创新方向主要集中在强动力（多动力系统、强力压缩机）、高保鲜（温区灵活、离子技术、真空技术等）、大容量（高容积率、内部规划多）、家居一体化（散热优化、超薄隔热层）等方向。

高端洗衣机重点在强动力（LDC变频电机、DD直驱静音电机）、除菌（微蒸空气洗、双极除螨、巴氏杀菌、高温煮洗、银离子）、智能（衣物材质识别、护衣护色、自动投放洗衣液、衣干即停）、家居一体化（超薄大筒径）等路线寻求突破。

高端空调则聚焦于高品质压缩机（涡旋压缩机、旋转压缩机）、健康（56度高温除菌、新风、空气净化）、智能控温（温湿自控技术、双温区出风）、无风感（全域无风感）等领域的创新。

高端彩电的创新点更多是在高清晰度（8K、4K）、背光技术（mini-LED、全阵列背光、多分区背光）、广色域（QLED、ULED、量子点）、画质优化（画质芯片、MEMC 动态补偿）等方面。

智能产品方向

随着物联网时代的到来，家电产品越来越注重智能控制，主动智能与人机交互是智能家电未来主要的发展趋势。

当前，高端冰箱、洗衣机、空调等智能控制产品的零售市场份额在75% 以上。其中，衣物自动投放洗衣机的零售额占比高达 80% 以上；有AI 语音功能的高端电视机产品的零售额占比在 90% 以上。

智能冰箱的创新方向为识别成员身份，进行 AI 语音交互；定制膳食计划，管理健康数据；远程监控食材；等等。智能洗衣机的创新方向为自动判断衣料，定制洗护模式；智能洗烘联动；智能自动投放；智慧人机交互；等等。智能空调的创新方向为智慧感温，自动调节；AI 语音控制；等等。智能烟灶的创新方向为烟灶联动；人感交互；智慧大屏等。智能电视的主要创新方向为 AI 语音控制等。智能扫地机器人的创新方向为智能规划路线；精准识别障碍等。

赋予健康属性

2020 年底，市场研究机构 GFK 中国发布的《2020~2021 中国高端家电市场研究报告》调查结果显示，高端品牌消费者购买家电的方向是"为了守护全家人的健康"，49% 的高端家电品牌消费者青睐这一选项；41%的高端品牌消费者选择"为了高端、有品质的家居生活"；40% 的高端品牌消费者选择"为了全屋智能体验"。

《中国家电健康趋势白皮书（2022 年）》首次将家居生活场景分成健康空气、健康洗护、健康用水、健康厨房、健康环境清洁、个人健康护理六大场景，对各场景内相关健康发展趋势进行了全面梳理。

2021 年以来，吸尘、洗地、拖地三项功能合一的洗地机的零售额同比增长 348%；主打"少油更健康"理念的空气炸锅，在京东商城的零售量同比增长 152%。

未来，具有健康功能的高端家电，必将成为家电市场上的"新宠"。

高端冰箱、洗衣机品牌的发展

目前，国内冰箱、洗衣机市场已经呈现出成熟的行业特征，市场饱和度增加，增长空间缩小。但同时，受益于中高收入人群规模扩大及健康消费、品质消费理念的普及等因素，中高端品牌冰箱、洗衣机的需求量大幅提高。奥维云网提供的数据显示，2022 年冰箱高端化进程加快，线上市场均价与 2021 年接近，而线下市场的零售额同比虽然下降 12.8%，但均价上升了 17.1%。与冰箱市场类似，洗衣机消费市场的均价也在上涨，整体向高端化方向迈进。2022 年，洗衣机线上市场均价为 1672 元，同比增长 1.5%；线下市场均价为 4154 元，同比增长 9.7%。

据京东与胡润百富联合发布的《2022 中国高净值人群消费洞察与中高端冰洗消费趋势报告》，高端品牌冰箱、洗衣机有以下两大消费趋势：

产品功能细分化

在高端化趋势下，洗衣机"分区洗护"的风潮日渐兴起，解决了衣物混洗难题，满足了消费者健康洗衣的需求。根据奥维云网的统计，2021 年"6·18 活动"期间，"分区洗"产品的成交额同比增长 55.6%，销售量同比增长 107.8%。2022 年"6·18 活动"期间，京东家电的洗烘套装成交额是上年的 3 倍。

在家电家居一体化的浪潮下，超薄冰箱和嵌入式冰箱因占地小、容量大，更符合厨居一体化的理念，成为两个值得关注的品类。2022 年，京东家电 5000 元及以上价位段的超薄冰箱的成交额同比增长 3 倍，5000 元及以上价位段的嵌入式冰箱的成交额同比增长 7 倍。

用户体验精细化

选购套系化。比起单一功能体验，高净值人群更注重产品综合性能带来的高品质生活体验。有数据显示，近两年在新装修或者购买家电的人群中，选择套系家电的人群比例达到 12%。其中，5000 元以上冰箱、洗衣机产品的消费比重逐年上升。2022 年，京东家电 5000 元及以上价位段的成交额同比增长 12 倍。

注重智能化。中国智能冰箱市场规模从 2018 年的 2384 亿元上升到 2022 年的 6427 亿元，四年内年均增长率达到 28.1%。2022 年，京东家电 5000 元及以上价位段的智能洗衣机的成交额同比增长 240%。

关注健康化。"十四五"时期，我国全面推进健康中国建设，健康成为人们日常生活中的强烈需求。观研报告网的研究结果显示，中国消费者最关心的冰箱功能是杀菌抑菌及保鲜能力。其中，54.8% 的消费者选择杀菌抑菌，51.1% 的消费者选择保鲜能力。健康也是洗衣机产业重点关注的领域。中怡康数据显示，2021 年"双十一"期间，线上渠道具备蒸汽除菌功能的滚筒类产品，市场份额同比增长 135.8%。京东家电销售数据显示，2022 年京东家电健康功能相关的 5000 元及以上洗衣机产品成交额同比增长 230%。

低碳节能化。奥维云网数据显示，2021 年家电市场中，新一级能效冰箱的成交额，线上同比增长 12.1%，线下同比增长 7.3%。变频波轮洗衣机零售额由 2020 年的 71.99 亿元增至 2021 年的 80.72 亿元，同比增长 12%。2021 年卖出的一级能效空调、冰箱、电视三大类家电，每年可减少近 200 万吨碳排放。

同时，比起消费的快感，高净值人群更享受消费过程中的增值服务体验。以旧换新、售后延保、保养服务等售前、售后增值服务，越发成为高净值人群关注的焦点。

　　冰箱和洗衣机行业经过三十多年的发展，已经进入存量换新的新周期，产品、价格、渠道、营销都在持续发生着变化，其中最重要的变化便是竞争模式从价格战走向了中高端市场的价值战。

高端空调品牌的发展

　　随着空调行业的竞争日趋激烈，其在需求端的换购升级与供应端的产品升级双轮驱动下，也迎来了高端化的浪潮。

　　据慧聪家电网的《高端空调品牌竞争力报告》分析，空调高端品牌、高端产品活力凸显，成为消费行为变化的核心趋势。

　　过去十多年，空调市场经历了从长久牛市到连跌三年。2007～2019年，空调市场零售规模从 2724 万台增长到 6180 万台，达到顶峰；此后的2020～2022 年连跌三年，空调行业从增量市场转为存量市场。

　　在整体空调市场下滑的时候，高端空调市场却显现出大幅增长态势，品质化升级趋势明显。《2022 年家用空调零售市场趋势报告》数据显示，2022 年高端空调市场零售额将达 254 亿元，同比增长 6.9%；2023 年高端空调市场零售额将达 289 亿元，同比增长 13.8%。

能效、健康、新风、智能是消费者关注的四大核心

　　一项对于家用空调主要功能重要性的调研显示，消费者认为最重要的是空调能效，同时在舒适、健康领域有很大的发展机会。另外，新风功能已受到消费者密切关注，智能功能则受到年轻人热捧。

　　从供应端来看，高端空调品牌将智能、健康、新风、空气管家等作为主要卖点。其中，智能卖点主要关注智慧感温科技、实时扫描、智慧感应；健康卖点主要关注 UVC 杀菌技术、深紫外线杀菌；新风卖点主要关注创新双动力恒温新风、五重过滤净化新风、全屋高效循环；空气管家卖点

主要关注 AI 智慧科技、空调到空气管理中心的升级、全时打造生态呼吸。

《2022 年家用空调零售市场趋势研究报告》数据显示，在线下柜机市场，新一级能效空调产品的零售额占比已达到 82.3%，健康除菌类产品的零售额占比达到了 38.0%，具有新风、舒适风、智能语音功能的空调均价分别为 10479 元、9293 元、10922 元。

"空调病"是空调使用者的一大痛点。解决这一问题需要从冷风直吹、空气干燥、病菌滋生、空气密闭四个弊端入手，其中除菌净化和舒适送风最关键。

未来，舒适风空调市场规模将持续扩张，成为市场竞争主线之一。根据《2022 年家用空调零售市场趋势研究报告》测算，2022 年舒适风空调市场销量达 144 万台，同比增长 37.1%，销售额实现 80 亿元，同比提升 33.8%。

与此同时，空调噪声也是消费者的痛点之一，"静音"成为提升用户满意度的关键。在"对于空调静音重视度"的对比调查中，消费者对静音的重视度占比为 36.2%。在"空调使用者满意度"调研中，有 12% 的挂机空调使用者对挂机噪声不满意，有 10% 的柜机空调使用者对柜机空调噪声不满意。

高端空调品牌从卖产品到卖套系转变

过去，空调卖方主要提供的是功能产品和义务式服务。如今，除了产品功能的升级外，服务也从义务式服务转变为增值式服务。一些高端空调品牌开始为消费者提供套系化产品和"产品 + 场景 + 服务"整体解决方案，提供超预期服务，大幅提升了用户体验。

一方面，在"智慧家经济"崛起的大背景下，家电、家居、家装产品融为一体并实现智能化，体现的是一种美好的生活方式；另一方面，提供"产品 + 场景 + 服务"整体解决方案，能一次性解决所有售前售后问题。对品牌方来说，实现"全套化成交"可提高客单值；对消费者来说，则能更便捷、更高效，也更省心。

家电套系化已经崛起，未来趋势是套系化且与家居的深度融合，形成家居风格的统一，因此具备套系化能力的品牌将占据优势。2020年，欧美发达国家购买成套家电的家庭占30%；2021年，中国购买成套家电的家庭占14%，成长空间巨大。《2022中国套系家电研究报告》数据显示，以家为核心场景，家电套系在厨房、客厅、阳台、卫浴四个小场景最有前景，市场容量高达1538亿元人民币。

在高端空调领域，以卡萨帝为代表的国际高端家电品牌近年来强势崛起，表现优异。慧聪家电网发布的《2022年家用空调零售市场趋势报告》显示，2022年，在1500元以上价位段的线下高端市场，卡萨帝品牌零售额占比以31.0%位居第一，COLMO则占18.7%。

近5年，卡萨帝、COLMO、大金、三菱电机线下市场份额增长率分别达到了1036%、175%、78%、51%，其中卡萨帝是第二名COLMO的5.92倍。

高端厨电品牌的发展

市场分化严重

与冰箱、洗衣机、空调一样，厨电行业整体市场增长放缓，但一些高端品牌呈现良好的发展态势。

奥维云网数据显示，2018年后的4年中，我国厨电市场规模增速有3年处在负增长，整体市场规模也从2018年的最高点1863亿元下降至2022年的1586亿元。不过可喜的是，新兴厨电（洗碗机、嵌入式电器、集成灶）增长态势喜人。

随着传统厨电品类进入增长的瓶颈期，洗碗机、蒸烤一体机等新家电表现出亮眼的增长曲线。新品类家电也成为厨电企业高端化争夺的焦点。

一方面，传统厨电品类代表——油烟机的整体价位段继续走高。GfK中怡康发布的《2021年油烟机市场总结》显示，线上市场4000元价位以上、线下市场7000元价位以上的油烟机份额明显扩张。

另一方面，洗碗机、集成灶等新兴品类已占到厨电市场的29%，其增速已高于市场整体增速，尤其是高端产品，增速更是迅猛。其中，洗碗机市场规模从2015年的不足20亿元突破到2023年的113亿元。红顶奖组委会和GfK中国联合发布的《2021高端家电市场白皮书》显示，2019年，一万元以上洗碗机的线下零售额占比为8.6%，2021年1～10月，这一数字已提升至14.1%。此外，蒸烤一体机成为中国厨房中的新品类。奥维云网数据显示，2019～2021年线上市场嵌入式高端产品（价格6000元以上）的零售额占比从16.5%提升至17.3%，在线下市场，这一数字从21.5%提升至22.6%。

向高端化和套系化增长

当前，家电市场的低端需求正向线上集中，高端需求正在全渠道落地开花，高端化是无法回避的未来趋势，行业的目光从"规模导向"转为聚焦"利润导向"和"推新卖贵"。奥维云网监测数据显示，无论是在线上市场还是线下市场，企业在布局新品时都有意向高端产品倾斜。

目前，厨电行业销售正进入场景化阶段。比如，以洗碗机、集成灶等为代表的"懒人"场景，以外观设计精美的套系化厨电、嵌入式微蒸烤等为代表的"颜值消费"场景，以自清洁家电、全屋净水、消毒柜等为代表的"健康"场景，以及搭载人机交互系统的"智能家居"场景等，都在加速形成。

其中，套系化家电产品在场景化销售中起到关键作用。从企业角度看，套系化产品可以提升整体客单价，避免消费者外流，帮助强弱品类之间进行引流。从消费者角度看，套系化产品有助于家电产品与家装风格协调统一；与单品相比，其在送装及售后方面更加便捷省力，且在价格方面也能享受到整体的打包优惠。

高端品牌迈入创新快车道

为了强化在高端厨电领域的市场地位，方太凭借创新产品集成烹饪中心等产品不断拓宽产业生态，其倡导的方太品牌价值观也独具特色。老板电器近几年专注烹饪赛道，推出"中国新厨房老板4件套"、数字化烹饪生态平台等战略。

与此同时，传统的大众厨电品牌也加大了向高端产品转型的力度：华帝推出的高端套系产品以及"家居一体化"战略成效显著，万和的高端品牌"颁芙"主打套系产品，万家乐的"国风"特色曾掀起波澜。

在洗碗机新兴品类，方太、老板、美的、华帝等国产品牌不断"推新卖贵"，它们推出了针对中式餐具的产品及技术，如方太研发的"洗碗技术高能气泡洗"、老板电器洗碗机的专利"三叉鲸喷洗系统"、美的开发的X-wash对旋喷臂技术、华帝的干态抑菌洗碗机等。

近年来，中国民族品牌正在品质、品牌等方面赶超国际品牌。在年轻消费人群中，外资品牌的高端认知优势逐渐被抹平，其中一个重要的原因在于外资品牌对中国消费者的洞察不够。例如，高端产品中的微蒸烤复合机产品，这一新品类是专门针对中式烹饪研发出来的。在西式烹饪中，烘焙是很重要的食物加热手段，因此国外的烤箱只能进行烤制，但在中式烹饪里，蒸是很重要的食品加工手段，导致烤箱在中国家庭中的使用非常低频，但蒸、烤功能的结合极大提升了产品的使用频次。这就是蒸烤箱在中国更受欢迎的原因，其中涉及很多社会文化因素。外资品牌比较缺乏这种深度理解。再以洗碗机为例，20世纪80年代外资品牌便已进入中国，但直到2015年依然没有太大进展。2016年以后，国产品牌围绕适合中国消费者需求，在产品功能、形态等方面做了大量本土化创新，最终后来居上。

案例

华帝：高端时尚品牌的新探索

作为高端厨电三巨头之一，位于广东中山的华帝集团堪称行业发展的标杆性企业。

1992年，华帝以燃气灶具起家，秉承"品质为先"的经营理念，很快获得行业和市场的认可，得到了"中国灶王"的评价；1999年，因大胆探索"两权分离"（经营权和所有权分离）改革而在社会上名声大噪；2004年，华帝股票正式在深圳证券交易所上市交易，是较早上市的厨电品牌之一；2008年，成为北京奥运会燃气具独家供应商与专业火炬制造商，华帝凭借"祥云"火炬名扬海内外。

2015年9月，已成为华帝实控人的"70后"潘叶江正式担任董事长。正是这一年，华帝开启了新一轮大规模变革，宣布品牌向高端智能厨电转型，开启了从国民品牌向高端品牌的变革升级之路。经过不懈努力，如今华帝正以其独特的时尚特点跻身中国高端厨电之列。

挺进高端　时尚突破

在谈论消费升级时，我们时常忽略"美学"这一要素。艺术品生活化与生活艺术品化的交融，逐渐培育了一批时尚的消费者，后者日益成为消费升级的主角。当下，中国市场正处在代际文化更替的重要时期，如何对品牌进行美学升级、时尚化改造，形成与众不同的风格，已成为一个新的营销课题。

回顾近年来华帝的转型升级之路，"时尚"这一关键词贯穿其中。2015年，为满足厨电消费升级需求，华帝提出向高端化、智能化转型的发展战略，由此开启了高端化的进程。在宣传上，它鲜明地提出"智慧+时尚家"的品牌价值主张。

仅用了数年时间，华帝就从一个以品质取胜的国民品牌华丽转身，完成了向高端智能时尚品牌的形象切换，不但朝着高端和智能方向迅速挺进，而且将目光瞄准时尚人群，力图改变厨房长久以来留给人们的脏、苦、累的印象，使之变成新体验、新家庭、新社交的时尚场景。一时间，华帝成为厨电品牌的时尚先锋。

在品牌发布会的运作上，华帝可谓在厨电圈子中最特立独行。综观其历届品牌发布会，华帝融合时尚、科技、国潮等因素，频频破圈，以先锋者的进取姿态，迅速完成品牌的全面蜕变。经过八年的不懈努力，通过产品、时尚资源的整合以及有效传播，华帝成为罕见的快速变革、升级高端的企业样本。

2018年10月，携手全球著名时装设计师胡社光，华帝在英国伦敦自然历史博物馆举行了一场饱含中国之韵的时尚走秀品牌发布会。它将中国文化元素和国际顶尖时尚秀巧妙结合，以"高级定制"时尚秀的形式完成整个发布会，开创了厨电行业的先河。现场，胡社光通过充满想象力的大胆设计，演绎出中西方元素的交融之美，同时让世界看到，国潮不仅仅是时尚服饰、国产化妆品的专利。

2020年10月，华帝联合千年文化IP"敦煌莫高窟"，在敦煌鸣沙山月牙泉举办了"烟火·相融国风文化盛典"暨华帝2020年品牌发布会。不同于传统发布会的单一信息输出，本次发布会联合地区文化部门，携手一众国风音乐人以及古乐器演奏家、舞团等，共同打造了一场国潮盛宴。同时，在产品设计上，华帝将敦煌文化与厨电特性充分结合，用风、沙、水、烟等元素对应不同单品，推出包含烟机、灶具、洗碗机、蒸烤一体机和热水器的敦煌套系产品，把遥远的丝路文明融入现代生活场景。

2023年9月，华帝在千年古都洛阳应天门举办了主题为"千年烟火·致净未来"的2023华帝品牌发布会。此次发布会融合了传统文化、艺术、时尚等元素，令与会人员沉浸式感受到传统文化与智能科技的碰撞。此举让华帝再次凭创意和实力破圈。

在历年的新品或品牌发布会上，华帝总能别出心裁，在知名的历史、文化地标，以时尚奢侈品的方式，把产品的高端调性及时尚度拉满，通过精心的创意策划将文化、艺术与时尚元素融为一体。这种文化时尚型发布会的连续进行，已然成为近年来华帝品牌打造的标志性IP动作，不断强化和更新着人们对华帝的品牌观感，有力提升着华帝的高端时尚品牌形象。

国外专家曾指出顶级高端品牌——奢侈品与时尚的密切关系："奢侈品体现时尚，时尚服务于奢侈品。"华帝显然无意将厨电产品与奢侈品或奢华联系起来，而将自己定位于高端时尚品牌：在满足人们对产品基本功能属性的需求后，更进一步地满足人们越来越高的生活品质要求。华帝的高端时尚品牌定位就是要追求时代潮流的生活方式或行为模式，架起一座通向"高端＋年轻化"的桥梁。因此，高端和时尚的着力点都在于体验价值和情感价值的满足。

年轻的不一定时尚，但时尚的却显得年轻。时尚化和年轻化两者密不可分。近年来，随着国潮热的日益汹涌，华帝每次的品牌发布会都立足中华优秀传统文化，身体力行讲好中国故事，不断探索国潮时尚里蕴含的无限可能。

随着时代和市场环境的不断变迁，以"Z世代"为代表的年轻群体逐渐成为消费市场的主力军。他们注重高品质、个性化的生活方式。因此，不少品牌都喊出了年轻化的口号。然而，品牌年轻化不等于年轻人化，也不意味着低端化和大众化。华帝要寻找的是高端定位与年轻消费群体的精准契合点。

它是怎么做的呢？

首先，在品牌代言人的选择上，华帝有一套严密的决策逻辑体系。它更关注大受年轻人欢迎的明星艺人。可以看出，其在持续推进品牌年轻化的战略，不断强化着华帝高端时尚、年轻潮流的品牌认知。2023年品牌发布会上，华帝再度选择"90后"为品牌代言人，认为其阳光、努力、值得信赖的公众形象契合了华帝"时尚科学"的品牌形象和"净洁厨房"的全新概念，两者可以相互赋能，共同提升各自在年轻圈层的内核形象。

其次，在内容营销上进行整合传播。华帝紧跟年青一代社交媒体的使用习惯和关注热点，充分运用产品直播、KOL、综艺植入、参与国际体育赛事营销等多样化的新媒体平台及形式，积极推进品牌传播。比如，2018年俄罗斯世界杯期间的营销传奇和代言人林更新亲自签约顶尖电竞队伍等现象级案例，成功引起了年轻用户的关注，使华帝的"时尚潮牌"形象日益深入人心。

最后，品牌不断升级。针对"精享族""成分党""数据党"等新消费族群的崛起，自2015年以来，华帝品牌一直在变革中不断升级迭代。2022年，华帝发布更年轻灵动的新LOGO（标识），以"好用、好看、好清洁"为产品创新标准，践行"科学品牌"道路，提出"认真生活"价值主张等，同时携手艺人毛不易、殷桃和新世相公司发布《不易之刻》《认真生活》等MV，与金晨开启"洗碗机消费节"等，积极拓宽受众圈层，打造有温度、有深度、有实力的品牌形象。

产品依托　技术爆发

尽管高端品牌需要颜值、体验、文化和品牌传播等多个维度的修炼，但产品力是其基础和重要支撑，是企业最根本、最直接的竞争力。对于企业来说，更好地理解用户的需求，打造出用户喜爱的产品，才能持续战胜对手、跑赢市场，走上长期发展的道路。

2015年，华帝开始向"高端智能厨电"布局，立志打造"智尚生活新标准"，同年便推出了国内领先的智能语音操控的抽油烟机"魔镜"。该产品一经问世，便以整屏自动滑动设计、无缝镜面面板一体化设计等赋予其的超高颜值，以及智能语音控制、首创不沾油纳米自洁系统等实用效果惊艳了整个厨电行业。

2016年，华帝提出了"智慧＋，更爱家"的理念，倡导用更智能的家电产品改善生活，提升生活乐趣。这一年，华帝"魔镜"V2油烟机、"魔碟"悬浮式燃气灶、"魔箱"蒸烤一体机、全自动洗碗机、全时恒温燃气热水器等一系列智能厨电产品陆续面世，受到市场的广泛认可。

在产品技术创新和软件方面，华帝以AIOT为目标，推出VCOO华帝智慧家智能管理系统；基于专业的燃气具研发优势，承担了国内外25个大型体育运动会的火炬研发和制造任务。在硬件方面，华帝提出了两个重要的里程碑计划——家居一体化和沐浴定制化，不断提升产品水平，满足用户需求。

以华帝王牌旗舰产品"魔碟灶"为例：首先，魔碟灶整体是一块纯平钢化玻璃，使得灶具的面板可以和橱柜台面设计融为一体，外观看起来极具后现代感；其次，创新采用飞碟式翻转炉头，解决了灶具难以清洁的问题，增加了厨房的使用空间，同时，通过纯触摸智能五档火力控制系统、悬浮流体设计使火力调节直觉化、火焰燃烧更高效。该产品相继获得"省长杯"工业设计大奖、德国红点奖、iF 国际设计大奖、美国 IDEA 大奖等荣誉。

研发生产是制造企业的根本。雄厚的研发实力和稳步提高的投入，让华帝股份在科技创新方面始终保持在行业领先阵营。截至 2023 年底，华帝已经获授权有效专利 4921 项，推出了多款具有创新性和差异化的产品，集成烹饪、集成净洗、烟机清洗、热水器水处理、一键速蒸等多项技术有效突破行业技术瓶颈。另外，华帝参与了洗碗机、燃气灶等产品国家行业标准的制定，以及多项团标、国标的编写和制定，引导行业朝规范化、高质量方向发展。

近年来，基于用户痛点和对厨电消费者的深刻理解，华帝进一步聚焦"好清洁"定位，持续深化产品力和技术。据悉，华帝目前已拥有 372 项好清洁专利技术，并推出了打造"净洁厨房体系"的开山之作——"净白系列"产品。该系列不但从干净治愈色彩心理学出发，应用了纯白色的工业设计美学，更通过一键爆炒、一键速蒸功能的集成烹饪中心，以及 16套大容量洗碗机等齐全配备背后过硬的技术和产品设计能力，为用户打造了集美观与实用于一体的"净洁厨房体系"，让用户在烹饪的同时享受到更加干净、放松、舒适的烹饪体验。

2022 年以来，华帝的技术产品进入爆发期：当年先后推出行业首创的三腔烟机、全新形态近拢吸橱柜烟机、三好集成灶、新一代鸳鸯灶等产品，获得市场良好反馈。其中，华帝三好集成灶的创新力达到行业领先水平。另外，灶具品类的"一键爆炒"、燃热品类的"健康分人浴"、蒸烤品类的"一键速蒸"、洗碗机的"巨能洗"等技术的加持，令其产品在市场中建立了品类优势。

2023年4月，在上海AWE现场，华帝带来全新升级产品：首先是集成烹饪中心，将烟机、灶具蒸烤一体机组合，给予消费者空间集成、智能集成、健康体验的新一代高效烹饪解决方案，其中的"15分钟四菜一汤"成为最大亮点。其次是快吸超薄烟机。近拢吸橱柜烟机J6019HS是华帝2022年推出的明星产品，也是华帝在AWE重点展示的产品之一，该产品厚度仅有21.5厘米，约为普通烟机厚度的一半。此外，"巨能洗"洗碗机是华帝重点展示的另一款产品，超大容积中式洗碗机可一次洗17套餐具，还能锅、碗一起洗……

2023年9月，在华帝品牌发布会上，华帝不仅分享了对中国厨房古今发展方面的思考，更迎合未来发展趋势以及当下年轻人群体的实际需求，率先提出"净洁厨房体系"。在产品创新力和技术革新力的双重加持下，华帝以"好用·好看·好清洁"的三好标准为纲领和厨电"白科技"的产品研发为理念，聚焦"好清洁"技术，取得诸多创新成果。

从传统厨电时期兢兢业业的"灶王"，到高端转型时期打破常规的"厨电潮牌"，再到如今高端、时尚、科学的"三好厨电"，华帝这个拥有30多年历史的专业厨电品牌正在焕发新的活力和创造力。在升维高端品牌的同时，它正力图打破各种套路、概念，回归消费者对于厨电产品最本质的需求——"好用·好看·好清洁"，做最好清洁的高端时尚厨电。

变革升级　八年奋战

一个企业能否迈向成功，企业家是重要的因素。企业的掌舵者若是在思想上与时代脱轨，随之而来的必然是产品与时代脱节。因此，企业家必须具有与时俱进的思维，才能应对变幻莫测的市场。

潘叶江接手华帝时不到40岁，堪称当时厨电业最年轻的董事长。在其掌舵的十几年中，可以看到经营企业的思维以及推出产品方式的突破与创新。在未来，厨电市场消费主力军被"90后"甚至"00后"占领，如果用过去的思维做生意，显然不合时宜。潘叶江平素话语不多，在少有的公开演讲中多次提到"用户思维"。他强调，华帝是一个年轻化、个性化、有创造精神、跟随时代发展、与时代共同进步的品牌。他认为，变化是市场的永恒命题，而应对变化最好的策略就是主动求变。

2017年，华帝进一步向用户思维转变，从价值观、文化水平、兴趣爱好、消费观念的趋同性方面寻找用户的痛点，将目标用户定位为"知富阶层"，战略方向升级为"智慧＋时尚家"。

2021年是华帝确定的"变革年"。变革在产品、服务、品牌三个领域同时展开。

2022年，"而立"之年的华帝迎来了品牌的全面升级：不仅升级了LOGO，还站在用户的角度审视厨房生态，提出新一代"三好厨电"标准——"好用·好看·好清洁"。"好用"指理性科技，在帮助消费者解决实际问题的同时，带来独特使用体验；"好看"的本质离不开功能美学，要让消费者在使用产品的过程中，体会到产品带来的烹饪美感；"好清洁"则涉及华帝对材料、工艺以及工业设计的深度思考，不仅要表里如一，还要主动、被动协同。

2023年，华帝率先提出"净洁厨房体系"，聚焦"好清洁"技术做创新成果，再一次跑出了自己的创新"加速度"。

近十年，人们可以清晰地看到华帝在高端品牌方面的不断探索、进取和超越。它已从当年的"灶具大王"蜕变成全球高端品质厨房空间的引领者。

在企业变革和品牌升维过程中，华帝展现出大胆的谋略、坚定的进取和系统的构建，不但做出了高端时尚厨电的差异化定位，更在挺进高端方面进展显著。

作为董事长，潘叶江主抓的工作有三项：战略、产品和品牌。抓战略显然不必多说，是董事长的职责所在；在品牌上，潘叶江以"时尚科学厨电"为定位，以"认真生活"为品牌主张，在尊重、洞察消费者真正需求的基础上，致力于打造真正省心、持久实用的产品的品牌价值；在产品上，把握产品技术的方向和路线，把握产品研发设计流程的合理性和高效率。他的躬身践行，确保了华帝品牌战略转型的成功。

从成长型企业到高端品牌的转型大多是漫长而痛苦的，其中涉及心态的调整、战略的明晰管理、组织的优化变革、产品的调整升级、生产的严抓精细、人才的留存升级等各个方面，最核心的难题是产品问题。没有技术"护城河"，就无法在价格上形成竞争力。

打造高端品牌是一场孤独之旅，需要和时间做朋友。企业在思考高端转型时，不应该只关注成长的速度，也不要总想着做好哪一点就可以弯道超车，而应该像华帝这样，调整心态，沉住气、踏实干，以产品为本，切实关注其他环节的同步协调提升。（案例整理：高端品牌实验室案例研究中心）

高端汽车品牌的发展

豪华车市场增速迅猛

在全球范围内，汽车行业的格局正在发生巨大的变化，其中一个重要标志是豪华汽车市场的高速增长。

麦肯锡的研究表明，大众汽车市场基本上已经停滞不前，预计到2031年前几乎没有增长空间，而豪华车细分市场却在不断增加份额，年增长率在8%~14%。更重要的是利润，2016~2021年，豪华车市场的利润率为两位数，而同期大众汽车市场的利润率仍为个位数。

中国将成为豪华汽车市场增长引擎的重要部分。预计到2031年，中国市场将成为增长最快的豪华汽车市场，年增长率为14%，在该领域的全球份额从2021年的24%增加到2030年的约35%。

据《界面新闻》报道，目前在中国市场销售的国内外汽车品牌已高达140多个。可以说，中国市场汇聚了全球绝大多数车企的汽车品牌。这一方面表明中国汽车市场在国际上的重要地位和影响力，另一方面也折射出汽车市场前所未有的激烈竞争程度。

从销售统计数据看，中低端汽车品牌生存空间持续萎缩，尤其是价格相对较低的自主品牌。中高端品牌不断蚕食中低端品牌市场份额已是不争的事实。

与全球主要发达汽车市场的同级消费者相比，中国的买家看待豪华品牌的视角更广。

传统元素如工艺、质量等，仍然是中国买家主要的考虑因素。然而，麦肯锡的一项调查显示，中国买家对技术非常感兴趣，尤其是当涉及动力系统功能、数字互动、互联和 ADAS 功能时。此外，中国的绝大多数高端汽车品牌买家把电动车的"智能化"放在了同等重要的位置。

40%~50% 的电动车意向购买者认为，最新的 ADAS 和互联功能是他们选购电动车时必须考虑的元素。多达 20% 的买家认为，新的电动车制造商在电动车智能化方面比传统制造商做得更好。这是传统行业需要弥补的差距。

消费者非常关心快速充电站和解决电池寿命问题的服务。中国本土的高端汽车品牌正在这些领域进行大量创新，技术支持下的无缝客户体验正在发挥重要作用。

此外，中国的高端汽车买家希望汽车能与数字产品和生态系统无缝整合。大约 80% 的潜在高端汽车买家愿意相信一个新的品牌，只要该车能与生态系统整合得非常好。

同时，个性化是中国高端汽车消费者最看重的要素。近 84% 的受访者表示，汽车的个性化是重要或非常重要的；近 60% 的受访者表示，他们希望在整个购买过程中得到定制化服务，这些定制化服务包括互联服务、驾驶性能、高端内部设计、电池续航能力和自动驾驶功能等。

高端化发展的阶段与路径

自主汽车品牌的高端化经历了三个发展阶段：

以 2007 年奇瑞率先推出高端定位的观致汽车为起点，众多自主汽车品牌积极尝试高端产品升级，但由于根基不稳、品牌溢价能力不足、技术储备不充分等多种原因，大多铩羽而归。

2007~2014 年是自主汽车品牌的"野蛮生长"时期。由于产品品质和品牌溢价能力有所欠缺，市场反应也不尽如人意，自主品牌一度陷入高端化"天花板"。

2016 年，以吉利和长城的高端品牌发布为标志，汽车高端化迎来技术与时代的新契机。一汽、北汽、上汽、广汽、吉利、长城、长安、奇瑞等主流自主车企的高端新品牌或新品牌战略相继发布。

部分高端品牌在产销规模上取得突破，年产销突破 10 万辆的高端品牌有吉利领克、一汽红旗、长城 WEY 等。自主汽车品牌的细分中高端车型中，红旗 H7、吉利博瑞、领克 01、比亚迪汉、理想 ONE、蔚来 ES8 在乘用车市场细分车型领域占据相对较高的市场份额。

自主汽车品牌的高端化发展共有两种路径：

一是母公司推出全新子品牌，打造独立的中高端品牌，主要以长城 WEY、吉利领克、奇瑞星途、北汽新能源极狐等为代表。例如，在全球化基础模块架构的推动下，吉利汽车和沃尔沃合资打造高端品牌领克，在成本结构和技术开发上的协同效应进一步凸显。

二是在现有品牌基础上延伸更高级别的车型，切入高端产品线，以跨级别的配置、性价比和具有竞争力的产品品质，突破 20 万元自主汽车中高端"天花板"，主要以上汽荣威、广汽新能源、比亚迪等品牌为代表。比亚迪自从放弃燃油车的制造后，便一路走高，其推出的秦、汉、唐、元等一系列新能源汽车，帮助其逐渐占领中高端新能源汽车市场。

近年来，自主汽车品牌通过重视核心技术研发，逐步打破外资企业的技术垄断。在硬件技术层面，一线自主品牌逐步实现了对发动机、底盘、变速箱等动力总成系统核心技术的突破；在智能化软件配置层面，自主汽车品牌越来越有话语权，在人车交互技术、车联网生态、智能化操作系统等方面已经国际领先。

在新一轮科技革命浪潮下，信息通信、大数据、人工智能等新技术在汽车产业的广泛应用，使汽车正从人工操控的机械产品，加速向智能化系统控制的移动终端转变。电动化、智能化、网联化带来的产品和产业全面重构，也给后发的中国车企带来了换道超车的新机遇。

目前，自主汽车品牌正积极推进高端智能化，打造丰富的智能科技配置和智能网联应用生态。在这方面，它们有先发优势和领先地位，智能网联成为自主品牌的主流搭配。

数字化支撑下的智能化，将使自主品牌有能力满足用户的个性化需求，并由此形成差异化的竞争力，"新势力"车企如蔚来、理想等，无一例外都是通过这一方式抢占高端汽车市场的。

与此同时，自主汽车品牌愈加关注用户、以用户为中心。它们通过线上线下一体化以及内容、营销、销售一体化，在不同的消费场景精准把握用户偏好，并以相应的营销动作，增强用户对品牌与产品的感知与认可。同时，这些品牌密切维护用户关系，进而打造"粉丝"经济，形成从渠道到用户的闭环。

挑战与对策

在传统燃油车市场，自主汽车品牌起步较晚，高端产品线起步更晚，相比合资品牌，无论是产品力还是品牌力均不占优势。

不少汽车品牌高端定位模糊，消费者对其印象还停留在原有品牌，对其高端车型关注度较低。同时，它们的产品规划缺乏长期思维，品牌支撑力和溢价能力不足，往往导致产品高开低走的局面。

相较于传统燃油车，高端新能源汽车获得成功的难度似乎没那么大，但从当前来看，仍旧是一条充满挑战的道路。

首先是品牌建设问题。过去，在国内多数人眼中，自主品牌都是大众化的形象，要想走高端化路线，品牌建设非常重要。因此，其首要任务是厘清品牌定位，不能盲目跟风而行。

其次是成本问题。电池是新能源汽车最重要的核心配件。数据显示，一辆新能源汽车中的电池系统成本占到35%~40%。想要挺进高端，就要在最基本的高科技配置和电池技术方面进行研发投入，以在掌握电池制造技术的同时降低成本。

最后是商业模式的建立。蔚来在创立之初就选择了直面用户，通过其NIOHOUSE和专属APP，靠经营圈层和车主口碑建立品牌。这看似是无奈之举，实质上是高端电动车品牌的必修课。实现品牌突破向上，不仅需要依靠产品，更需要打破传统思路，形成独具竞争力的商业模式，使用户体验得到全面革新和提升。

自主汽车品牌针对当前品牌形象弱的现状，首先应当精准定位，强化品牌定位和形象，与其他品牌形成明显区隔；其次是打造出好的产品，用过硬的产品打开局面，驱动产品矩阵稳扎稳打。

其中，核心技术是关键。汽车作为各种先进技术之集大成者，其品牌价值与其拥有的核心技术含量有着正相关关系。没有对核心技术的充分掌控与有效应用，产品不仅很难打动消费者，超越竞争对手更是痴人说梦。底盘、动力总成、变速箱等核心技术的自主研发能力，对于自主品牌高端化及提升竞争力有重要意义。

在汽车产业向电气化、智能化变革的大趋势下，新能源汽车品牌走高端化，不仅是自主品牌实现品牌向上的突破口，也是未来能够实现盈利的必然选择。

高端家居品牌的发展

随着人们生活水平的不断提高，新消费时代正全面到来。其中，作为"衣食住行"中的重要一环，家居生活的升级是新消费时代的重要内容。

国家统计局提供的数据显示，2017 年我国常住人口城镇化率为 58.5%，2021 年已经增长至 64.7%。一线城市的新建住房市场趋于饱和，房地产行业逐步迈入存量时代，二手房交易成为主流。

目前，我国的农村及城市周边自建房面积已经超过 15 亿平方米，每年释放出的自建房需求是 220 万~300 万套，市场潜力巨大。

随着政策的进一步落地，精装房大大压缩了作为目前家装行业主要对象的毛坯房的份额。2021 年，中国房地产住宅全装修、精装修成品房市场渗透率达到了 35%。预计到 2023 年，我国精装房市场占比将达到 60% 以上。

2022 年上半年，尽管国民装修预算同比增长 10.9%，但在多重因素叠加的影响下，家居企业将加速向整装、全屋定制、拎包入住产品营销模式转型。在此背景下，低端家居品牌的生存空间将进一步被压缩，高端家居品牌迎来了新的发展机遇。

家居产业涵盖家用电器、家具、五金制品、照明电器等行业，是重要的民生产业，是满足人民美好生活需要的重要载体，也是仅次于汽车的家庭第二大消费支出领域。2021 年，这四个重点行业规模以上企业营业收入达 3.8 万亿元，占轻工业比重近 20%。另据亿欧智库的统计，2023 年我国家居建材市场规模高达 4.8 万亿元。

为了促进家居产业的高质量发展，2022 年 8 月，工业和信息化部、住房城乡建设部、商务部、市场监管总局联合发布《推进家居产业高质量发展行动方案》，提出到 2025 年，家居产业创新能力明显增强，高质量产品供给明显增加，以高质量供给促进家居品牌品质消费；在家居产业培育 50 个左右知名品牌、10 个家居生态品牌，建立 500 家智能家居体验中心，以高质量供给促进家居品牌品质消费。

人们对高端家居产品的选择，是消费者对追求品质生活最为真实的表达。而四部委出台的有关政策，则进一步加快了家居企业高端升级的步伐。

家场景、家消费迎来大发展

美国社会学家邓肯在《小小世界》一书中有精彩描述：小小世界，不断连接不同群体中的不同个体的方式就是场景。不同群体中的不同个体被场景连接在一起，这种连接所创造的独特价值，会形成体验、促成消费甚至创造个体生存意义。随着家庭在消费决策中的角色不断强化，消费家庭化的大趋势不断深化，家场景、家消费的时代已经到来。

家是一个多彩、包容且极富个性的场所。在消费升级的大背景下，越来越多的年轻消费者愿意为家添加更多不一样的元素。从消费数据来看，居家场景已经成为消费的重要增长极。其中，家居、家电一体化消费渐成趋势，智能化家具家电产品开始引领整个市场的风潮。

年轻消费者对"家"进行了极其细化的空间区分，并对不同空间所具备的功能提出了各式各样的新需求。未来消费者购买单件商品的需求会越来越少，他们将更倾向于家场景的消费体验，如客厅、厨房、卧室等。年轻人的客厅不再是过去那种一成不变的样子，而是随着需求变化，随时在学习、娱乐、社交、亲子、健身等场景下快速切换。

年轻消费者勇于探索未知领域，很少会被固有观念束缚。他们偏好新品消费，使家庭空间成为新品最好的展示场所，这给众多细分品类带来了弯道超车的空间。同时，他们对更加智慧、更多功能的要求，以及一件产品满足多个使用场景的需求，对家居企业的研发创新能力提出了更多挑战。

如今，消费者在购买高端家居产品时，不再只是买产品，而是追求极致的空间和场景体验，年青一代则在文化内涵和生活方式上提出了新的诉求。高端家居产品的消费者更倾向于多元、混搭等风格，这与此前消费者购买同一品牌家居产品、追求风格统一的消费习惯有着明显差异。

可见，家作为消费者理想生活的载体与容器，也承载着他们越来越多的个性化需求和期待。

《2020 轻奢定制白皮书》数据显示，在一、二线城市的 20~49 岁家居消费决策者中，新生代人群未来一年的装修预算平均达 25.4 万元，其中愿意付出 10 万~30 万元装修预算的人数占比 56.3%。其中，"品质""设计""颜值"成为定制家居消费者最关心的三个因素。在偏爱轻奢的用户中，24~50 岁的人群偏好度更高。

巨量引擎在基于大数据的关键词热度指数统计中发现，与"轻奢"相关的热度不断攀升，其中热度从高到低的是背景墙、玄关、客厅、软装、衣帽间、吊顶、新中式、儿童房等家居场景。消费者最关注的分别是"质感""风格""设计""色彩""材质"等要素；在与不同场景配合时，消费者更看重客厅空间的功能应用、卧室空间的个性品位等。

因此，高端家居品牌既要有颜、有品，又要好用、实用，在很大程度上需要通过产品定制实现，因为只有定制才能满足消费者个性化的需求。

高端定制成为新风尚

"高端定制"一词，最早出现在时尚、奢侈品行业中，体现顶级的产品设计和制作工艺，满足高端消费人群的需求。

家居行业的高定有别于家居市场的大众化产品，它为消费者提供有设计、有文化、有品质的整体家居服务，极于心、践于行、精于工，流行但不跟风，时尚但绝不怪诞。高定品牌专注于对消费者生活方式的研究，对产品设计的表达，对独特性的打造。

随着房地产精装和整装的渠道分流，零售市场的客户主体越来越集中在改善型客群，他们非常注重整体家装的设计以及品质，对居住环境的要求更高、更严格。同时，占据消费者主流的"80后""90后"越来越注重个性化家居生活，对于严重同质化的产品不再感兴趣。

目前，大众化的全屋定制已经形成初步的品牌格局，在价格以及营销方面的竞争异常激烈，市场已进入红海阶段，以欧派、索菲亚、尚品宅配、志邦家居为代表的头部品牌规模发展迅速，中小型企业唯有走差异化发展路线，才能有更大的发展空间。"高定"可能会成为全屋定制企业发展的新蓝海。

线下零售客流的持续减少，让主流销售渠道包括红星美凯龙、居然之家等意识到，提供以设计和空间解决方案为核心的高定品牌将成为主要的经营方向。它们也在有意识地、积极地调整卖场经营方向，为高定的品牌和商户提供更好的位置和政策支持。

在某种程度上，高定的崛起是家居市场消费升级、竞争分化、渠道求变的综合产物。随着高定市场越来越规范和成熟，其将会吸引更多的消费者，市场空间相当可观。

高定不仅代表着高价格，同时也意味着高品质、量身定制、产品组合创新，以及严苛的验收标准。目前，国内的高定品牌大约有50个，其中头部品牌占1/4、腰部品牌占2/4、底部品牌占1/4。目前，头部品牌基本上都是一直深耕中高端定制市场的企业。

高定的未来发展

家居家电一体化

从通用化的收纳功能产品、个性化的定制产品，到家居美学装饰的需求，再到智能便捷的生活方式，近20年，消费者的需求在不断升级。目前，越来越多的家庭在家居装修时追求家装一体化，要求家电设计与家居设计风格统一、完美融合。

因此，高定未来的发展方向是品类融合，逐步形成"高端定制＋全屋智能"的模式，实现家居家电一体化。高定品牌可以通过"家具产品＋空间定制＋软装装饰＋智能家居"的产品组合，提供全方位、一站式的家居空间解决方案。

《2023—2025 高端家居空间趋势报告》指出，完美融合、全套矩阵、高奢品位、东方禅意、自然疗愈、开放场景、前沿技术、多元舒享、智慧体验等将是高端家居设计的关键方向。同时，随着人工智能、智能家居互联设备在生活中的渗透，更高效、舒适、便捷的生活体验成为未来的必然趋势。

提供优质服务保障

对家居产品而言，其购买体验和服务质量能够直接影响消费者对品牌的信任度，所以有保障、有温度的家居品牌更容易得到大众信赖。

"服务先行、服务至上"是消费者对高定家居的第一感性认识。高定家居品牌必须坚持以消费者满意度为出发点，不断完善自身产品体系，为消费者提供售前、售中、售后优质的服务，保障消费者使用无忧、居家更安心；同时，通过服务放大产品的价值，不断扩大服务的内容与内涵，也是保持竞争力的重要方式。

赋予价值内涵

近年来，人们越发向往高品质的生活环境，拥有赏心悦目的外观和实用创新技术的家居产品正逐渐成为时代的"新宠"。高定的价值取向也逐渐由看得见的材料价值转向看得懂、更多元的生活品位，通过 CMF（色彩、材料、表面处理）挖掘物质更深层的价值与内在蕴含的创意生命和精神共鸣。

高定家居尤其注重家居呈现的"质感"，以家居美学思想结合原材料特点，将设计元素、色彩等在装饰上进行简化，营造出家居的高级质感，给予用户更多的人文关怀，提升用户在日常生活中的幸福感与归属感。

在"Z世代"消费市场逐渐兴起的大环境下，高定品牌的设计也趋于年轻化、个性化。当前，现代简约和现代轻奢为高定两大主流风格，东方美学是高定的新思路。

满足个性化需求

当前，家居消费年轻化的趋势越来越明显，"80后""90后"已经成为主流消费群体。在他们看来，高定家居不仅是满足日常生活所需的存在，更代表一种追求舒适、时尚等个性化需求的生活态度。

消费者希望家居空间可以尽可能地表达自我，而标准化成品通常难以满足消费者的这种个性化需求。与此同时，定制也从最初的满足通用的收纳需求进化到提供满足个性化生活需求的空间解决方案。

高定的优势之一是可以根据用户的喜好和生活习惯量身定制，更好地将空间、风格、视觉融汇在一起，满足用户对家居审美的要求。此外，高定还能有效利用空间，通过巧妙设计将居室空间充分利用，以个性化功能满足用户深层次的需求。

因此，如何合理运用空间，满足人们在会客、工作、聚会、睡眠、健身、饲养宠物等不同场景下个性化的生活需求，成为高定家居的突破点。其中，开放式布局设计将受到更多家庭的青睐。

主要品牌

经过数年的发展，高定赛道涌现出了近20个实力品牌。它们通过精准、柔性、个性化与规模化生产，获得了高速发展。这些品牌包括博洛尼、威法、A8空间、图森、木里木外、诺贝尼、RARA、观兰、OOMOO、束木、南洋迪克、尺木造、那物、造意、卡缤、比佐迪、OOD、乔金斯等。

2021 年，威法营收近 6 亿元，同比增长 47%。它打出一系列"组合拳"，不断向更高端进发：签约 100 多个经销商，开设近 200 家定制体验馆；推出威法智能家居新品 ALITA 系列；开设威法门墙专门店，完善全屋定制系统的拼图；中山智造基地落成投产，支持精装房战略"30 天快速交付"的目标；升级店面，实现百店百面、艺术加持，新开 21 家面积超 600 平方米的大店；全球巡回与设计师交流，全面输出包豪斯的设计理念与应用；计划投入 5 亿元，新建数字化工厂；完成 IPO 辅导备案工作；等等。

继 2020 年实现 30.68% 的增长目标之后，A8 空间在 2021 年迎来了新一轮增长。这一年，A8 动作不断：布局 60 多家高定运营服务中心，与红星美凯龙、居然之家等高端家居商场达成战略合作；提出"两标两定"，即部件标准化、工艺标准化、色彩定制化、尺寸定制化；斥资助力电影《我和我的父辈》；等等。

图森定制官网显示，图森现已有经销商 137 个。木里木外在全国开设 45 家分公司、47 家品牌体验店。

尽管这些头部高定品牌很少进行广告宣传，外界知名度不高，但它们坚持产品研发，在设计上各具特色，已成为定制家居市场上的一抹亮色。

除上述品牌之外，目前众多全屋定制家居企业先后推出高定子品牌，如欧派家居的"miform"、玛格的"玛格·极"、金牌厨柜的"G9"、顶固的"Latop 纳朴"等。这些企业拥有定制家居经验，也拥有渠道基础和供应链支撑，子品牌的加入将进一步推动高定市场的发展。

全资收购意大利高端家居品牌 FORMER 之后，欧派家居随即发布了高定家居品牌"miform"，以"米兰艺术家"为品牌核心理念角逐高定市场，并推出整体家居系统，产品涵盖橱柜、集成家居柜类、木门、墙板、卫浴柜、厨电、活动家具、智能系统八大产品系列。

金牌厨柜推出的"金牌 G9"品牌，其产品以高端木皮和高端烤漆为主。结合石、金、皮革材质，目前金牌 G9 已经推出了天境、天启、天墨等产品系列，未来将推出一系列设计师联名产品。

"玛格·极"是玛格定制创立的高级全案定制品牌，以"打造极致生活艺术"为品牌使命，强调设计表达，偏向于实木和板木结合，打造衣柜、厨柜、木门、护墙、卫浴柜、智能家居等一体化呈现的全案空间形态。在其产品上可以看到设计的进阶，采用了皮、木、金等多种材料，涵盖金属电镀、雕刻、皮革手工、木皮拼色等诸多复杂工艺。

"Latop 纳朴"是顶固集创公司旗下高端系统定制家居品牌，以严选的进口主材、前沿的设计风格和变化多样的产品组合，建立了包括厨房、卧室、生活区在内的整体家居系统。其客群定位为高净值群体，和顶固全屋定制的中高端客户作出区分。

消费者偏好

在家居行业众多品类中，除高定家具之外，高端睡眠产品是增长率最快的品类之一。据红星美凯龙 2022 年"818 大促"活动数据统计，在前十大品类中，"睡眠生活""高端电器"成为增长幅度最大的两大品类，同比增幅分别达到了 29% 和 27%。因此，研究消费者对高端床垫品牌的偏好，对中国高端家居产业的发展有着重要意义。

中国消费者报社发布的《2022 国产中高端床垫消费者满意度调查报告》数据显示，传统床垫已不能满足消费者更深层次的健康睡眠需求。越来越多的消费者愿意尝试智能床垫，愿意为更好的睡眠买单。那些能有效缓解疲劳、提升睡眠质量、更"懂"消费者的智能床垫，成为消费新潮流。

其中，近九成受访者关注床垫的智能功能，其中 44.73% 的受访者表示会"特别关注，希望体验到多功能型的床垫"，仅有 12.59% 的受访者表示"不会关注床垫的智能性，不追求床垫的附加价值"。

报告显示，传统床垫作为功能化标准品，同质化比较明显，但在中高端床垫中,"能监测体动、打鼾、深浅睡眠等睡眠状况,分析睡眠质量"成为超过五成受访者最关注的功能选项。另外,能"主动适配身材体型,自动调整床垫各部位软硬度,促进血液循环"以及"心率、呼吸等身体健康监测,提供健康预警"的产品,分别有 48.26%、40.77% 的消费者表示关注。

在对"中高端床垫最该具备哪些功能"的调查中,"使用更多黑科技、有更多的专利(如材质好、更智能)"最受消费者关注,占比为 58.52%。这表明消费者非常关注床垫的材质,希望采用"黑科技"及专利材质提升睡眠质量。

在问及"智能床垫的选择——更倾向于国际品牌还是国产品牌"时,近五成消费者选择了"国产品牌"。由此可见,消费者对国产高端品牌信心十足,不再一味追捧国际品牌。

在消费升级的背景下,品牌对消费者的决策影响日益加深,成为消费者选购智能床垫时的必要条件。

艾媒咨询数据显示,2016~2022 年,中国睡眠经济整体市场规模已从2616.3 亿元增长至 4562.1 亿元,2027 年将达 6586.8 亿元,2030 年有望突破万亿元,增长态势明显。在此过程中,行业企业通过越来越丰富且差异化的产品和解决方案,不断推动着市场的大爆发。

随着睡眠产业逐步迈向智能化,不少品牌开始加入转型升级的队伍。如今,智能床垫逐步走进人们的视野,智能化、多功能或将成为未来智能床垫市场发力的重要方向之一。

在这个新的赛道上,慕思的表现比较亮眼。《2022 国产中高端床垫消费者满意度调查报告》显示,慕思在此次参与调研的 7 个寝具品牌中知名度位列第一。

慕思创新性地提出"健康睡眠系统",并根据消费者的睡眠质量分析和自动调节舒适度两大需求,设计了 T10 智能健康睡眠系统。该产品可以自动调整床垫各部位的软硬度,主动适配舒适度;同时,非接触式睡眠检测技术与先进心肺耦合技术的结合，能实现对心率、呼吸、体动、打鼾、深浅睡眠等的监测，并迅速生成睡眠报告，帮助消费者更直观地了解自身的睡眠质量。

近 20 年来，定位高端的慕思快速崛起，成长为健康睡眠第一品牌。2018~2021 年，慕思营业收入从 31.88 亿元增长至 64.81 亿元，年均复合增长率达 26.68%；归属净利润从 2.16 亿元增长至 6.86 亿元，年均复合增长率高达 46.99%。

高端床上用品的发展

除了床垫之外，另一个与睡眠强相关的产品——床上用品，也迎来了高端化的浪潮。床上用品主要分为三大类：套件、被芯以及枕芯。高端床上用品的零售价一般在 3000 元以上。

目前，消费者日益注重个性化消费场景的体验，对高端床品的需求逐渐释放。

最早的高端床品可以追溯到 1995 年。那一年，"寐 MINE"家居（梦洁家纺旗下品牌）成立，成为首个高端床品品牌。2003 年，富安娜推出高端品牌"维莎"。2005 年，罗莱家纺与 SHERIDAN 品牌建立战略合作关系，将后者引入中国。随后，床上用品企业开始通过从日本、意大利等地引进国外先进工艺，以海外品牌代理、投资并购海外品牌等方式，进一步抢占高端市场。2017 年至今，各大高端品牌大力发展技术，尝试产品差异化，相关专利技术数量明显提升。

在新一轮的高端升级潮中，"技术"成为关键词。例如，罗莱家纺的生产工艺采用的是源自意大利的长绒棉提花工艺以及西班牙超柔高精密数码印花技术，"寐 MINE"则采用的是 T1000 高支高密的意大利工艺。

当前，制造高端床上产品的部分材料稀缺、工艺复杂。例如，在根数（指纺织纱线的数量，纱线通常按经、纬线排列）上，目前高端床品领先的 1800 根密度的生产工艺非常复杂，现阶段对国内家纺行业挑战较大；在材料上，埃及长绒棉、真丝等价格昂贵且稀缺。

消费端的升级，也在促进供应端的升级。随着内资企业大力度推进纺纱和织布一体化与智能控制系统的研发，工厂车间内部的各环节生产要素实现了互联互通，有效地稳定了高端床上产品的质量，并节省了昂贵材料的用量，推动着产业链的整体升级。

不过，值得注意的是，由于材料稀缺以及工艺难度高，高端床品大规模生产存在掣肘，再加上消费者对床品升级换代的意识有待提升，高端床品市场还需要一定时间的培育。

目前，中国高端床上用品品牌的市场份额高度集中。以零售额进行统计，目前高端市场排名前五品牌的市场占有率分别为 21%、17%、15%、13%、8%，其他为 26%。其中，罗莱家纺以 21% 的份额稳居行业第一。

 案例

皇派门窗："品质是我们最后的尊严"

在相当长的时间里，人们对高端品牌存在多重误解：一方面，许多消费者对高端品牌存在偏见，认为高端品牌等同于奢侈品，甚至认为买高端产品是交智商税；另一方面，不少企业家对高端品牌认知不深，认为高端品牌就是小众品牌，很难做到大而强，打造高端品牌是富人的游戏。

其实，最近几年新崛起的"黑马品牌"，相当一部分是高端品牌。它们不仅迎合了消费升级的大趋势，颠覆了人们对高端品牌的固有印象，而且在高品质产品和服务的加持下，用业绩增长破除了人们的误解。其中，皇派门窗就是一个典型代表。

家居建材行业是一个充满竞争的行业，无论是地板、瓷砖、灯饰、家具还是门窗，每个赛道都非常内卷。然而，皇派门窗却突破低价的桎梏，在高端门窗市场上跑马圈地，成为该细分领域的知名品牌。根据其提供的

"更新招股书（申报稿）"资料，2020年、2021年和2022年，皇派门窗的营业收入分别为8.04亿元、10.25亿元和10.74亿元，归母净利润分别为1.14亿元、1.31亿元和1.32亿元。

2007年，皇派门窗正式切入门窗赛道。和大多数品牌一样，其最初采取的是低价策略，在四处碰壁之后，董事长朱福庆痛下决心，将原有的生产线和价值2000万元左右的产品报废处理，同时对品牌进行重新定位。2007年末，皇派门窗开启了为期两年的战略变革，逐渐摸索出了一条独特的高端品牌之道。

16年过去了，皇派门窗在内卷的门窗赛道一路高歌，迈入10亿俱乐部，成为中国泛家居行业中一颗亮眼的明星。它是如何从零到一打造高端品牌的？底层逻辑到底是什么？

挺进高端

面对残酷的市场竞争与新兴的行业赛道，创业者往往面临着转型升级的选择。当初，皇派门窗战略转型的一项关键任务是品牌升级。品牌升级不是重新改换赛道，也不是颠覆消费者的固有认知，而是重新定位自身的业务和目标客户，更新品牌形象，将提升品牌的价值和竞争力作为重中之重。

2007年切入门窗赛道时，皇派门窗对市场需求的理解并不深刻，想当然地以为消费者只关注价格，只要价格低就能一往无前。然而，不到一年它就遭遇了挫折。

彼时，中国房地产行业迎来了新一轮的爆发，也带旺了整个家居建材市场，朱福庆意识到更细分的门窗行业也面临机遇，于是选择躬身入局。孰料，一场价格战打下来，不仅亏了钱，更严重的是，很低的价格无法保证产品的优质。

痛定思痛之后，朱福庆认为，低价抢来的客户也留不住，如果不是以品质获得客户的认可，就没有品牌的良好声誉，企业就无法立足。他决定走高价值路线、高端品牌道路。

他将仓库里价值 2000 万元的产品进行报废处理，以这种破釜沉舟的方式，逼自己走上产品和品牌升级之路。接下来的两年，朱福庆围绕"高端"二字进行了重大的战略升级。他赋予了"高端"两个深刻的内涵：一是高端品质，二是高端品牌。

皇派门窗也开始停下脚步，修炼内功。重新出发的朱福庆将大部分时间给了产品设计和制造生产，不但引进了全新的高质量生产线，还把大部分精力投入到产品的设计与创新上，同时下车间调研跟踪生产线的每一道生产工序、制造流程。他经常向员工说一句话："品质是我们最后的尊严。"产品是企业的基石，也是高端品牌的基础；产品没做好，企业就无法走远。

在他的带领下，皇派门窗的升级版"生产工序作业书"正式出炉，生产水平整体迈上了一个新台阶。他还在全公司内部推行成本控制与质量管理，实现了效率与品质的双提升。

解决了品质问题之后，还要解决如何满足消费需求问题，毕竟高端不是材料堆叠，必须解决消费者的痛点。重新起航的朱福庆花费大量的精力研究消费者，借助专业的团队对消费者需求进行深入调研。结果发现，门窗的隔音问题已成为绝大部分消费者共同关心的问题。

随着工业文明的进步，声音污染成为社会之痛。2009 年之后，房地产行业迎来新一轮的飞速增长，新房供给急速增加，装修量攀登新高。想象一下，当隔壁邻居装修的大分贝噪声此起彼伏时，人们对阻隔外界噪声的需求是多么强烈！在各种邻居纠纷中，因噪声而引发的争吵位居前列。因此，门窗是否隔音，已成为每个家庭的共同考量。

于是，皇派门窗旗帜鲜明地提出了"高端隔音门窗"的品牌定位，通过整合国外优质材料、在国内指定型材生产商、引入先进制造工艺等卓有成效的工作，使产品的隔音、隔热等综合性能得到大幅度提升。

从 2016 年起，皇派门窗将每年的 4 月 16 日设立为公司内部的"品牌日"，连续八年发起"品牌日"相关活动。这些活动以"聆听世界的心跳""听见35分贝的美好""为爱定制宁静""隔音PRO""隔音新静界"等主题，号召大众重视并共同关注、解决噪声污染。其间，皇派门窗还发布了有关家庭噪声污染的主题报告，抢占学术与舆论高地。

如果没有高端制造做保证，那么高端隔音门窗的定位便如同空中楼阁一般，无法落地。某种程度上，皇派的高端制造与高端品牌互为作用，它们如同硬币的两面，共同对消费者产生潜移默化的影响。

考虑到隔音涉及声学、材料学、生产技术与设备研发、外观艺术设计以及物流仓储、门窗安装等一系列方面，皇派还成立了专业产品检测实验室，同时联合声学领域的专家学者发起成立了隔音研究院，克服技术瓶颈，不断实现产品升级，打造高品质的门窗。

价值升级

近两年，房地产行业的发展进入常态化阶段，家居建材行业受到了很大影响，门窗行业也不例外。当市场进入下行通道时，高端品牌是否要自降身价寻求发展？对此，朱福庆明确表示，高端品牌是为价值而生，而不是为价格而生。在宏观经济形势日趋严峻的背景下，他认为，皇派要做的是创造更多附加值，让消费者感受到"贵有所值"，而不是牺牲品质、减少服务来扩大规模。

朱福庆的观点与战略咨询专家施炜的看法不谋而合。后者指出："过去三十多年，国内外的市场规模都一直在膨胀，企业自然纷纷追求规模，都想着迅速做大。但是现在市场在收缩，企业再追求规模目标就不划算了，一定要转向附加价值目标。"他认为，这个附加值可以是功能上的附加值，也可以是心理上的附加值。

皇派门窗的"隔音"品牌定位，更多的是满足用户生理、安全等方面的需求，较难充分满足用户在归属、尊重、自我实现等方面的需求。根据马斯洛需求层次理论，消费者有生理、安全、归属、尊重以及自我实现等多重需求。创造附加值本质上就是满足消费者的多重需求。这也是高端品牌抵御寒冬的根本之法。

那么，到底要如何进一步创造附加值呢？皇派门窗的做法是将"隔音门窗"进一步升级为"绿色门窗"。

绿色门窗的内涵非常广泛，包含降低噪声、节能减碳、环保材料、防止光污染等方面，这些承载了保护环境的使命与责任感，更能引发用户情感上的共鸣。事实上，相当一部分消费者是环境友好型群体，他们通常对绿色环保的品牌更有信赖感，也愿意为此付出一定的溢价。

根据中国建筑节能协会的统计，目前建筑碳排放约占全国碳排放总量的一半，而门窗产生的能耗约占建筑能耗的一半。因此，从根本上说，低能耗门窗不仅可以保温隔热，而且可以降低家居对制热、制冷设备的依赖性，减少光污染。

在此背景下，皇派门窗率先在"碳减排"方面积极行动，推出了一系列低能耗的系统门窗，例如传热系数高于行业新国标标准、K值仅为2.02的塞班海岸隔热单体门窗，采用29毫米带肋隔热条以及3道密封设计的冠军之家节能门窗等。这些产品一经推出，就受到了环境友好型消费者的欢迎。

同时，皇派门窗主导发起了《绿色低碳产品评价要求　高隔声型节能铝合金门窗》团体标准，发布了《中国低能耗门窗发展白皮书》，并联合多个头部品牌联合发起《共筑低碳新人居倡议书》。

此外，皇派门窗还在全国布局打造了三个大型绿色智能工厂。从原材料挑选、生产加工、过程控制到质检出厂，这三家工厂都严格遵循节能环保的原则。皇派门窗还通过数字化管理，降低了工厂的综合能耗，提高了资源利用率，实现了绿色可持续发展。

近几年，其敏锐洞察到门窗市场另一个需求痛点：安全。随着高层建筑的爆炸式增长以及极端自然天气的增加，门窗的安全性受到了越来越多人的重视。基于此，皇派门窗对门窗型材进行了全面升级，加强门窗的密封防水、安全抗压、隔音隔热等性能，兼备高度的实用性，削减家庭对安全隐患的担忧。

极致体验

　　门窗行业素有"三分产品、七分安装"的说法，对此，朱福庆并不认同。他认为产品和安装同样重要，要做到"十分产品，十分安装"，拥有系统服务力的品牌能保障交付和售后服务，给消费者带来极致的体验。

　　在服务上，皇派门窗结合多年服务理念、经验、流程以及团队的积累，打造了完整的"金保姆"特色服务系统。2021年，它在行业中率先推出五星级安装标准，制定了系统、专业的安全标准、工具标准、辅料标准、操作标准、保护标准等；建立五星安装服务团队，为消费者提供全方位、更便捷、五星级的产品安装及维保解决方案。

　　在设计上，皇派门窗高度重视产品设计美学，与设计师合作共创，一方面拓宽了门窗品类的边界，革新了消费者对门窗产品的认知；另一方面也树立了品牌在设计师圈层中的口碑。

　　为了满足"金字塔"尖上的高净值人群的需求，朱福庆顺势推出了超高端品牌"欧哲"。与皇派的"隔音"定位不同，"欧哲"强调的是"安全"。

　　"金字塔"尖上的高净值人群特别看重安全、隐私的重要性。据朱福庆介绍，相当多的"欧哲"客户会提出"防弹""防窥"的需求，这属于典型的复合型需求。

　　因此，"欧哲"要打动1%的顶级用户，必须付出更多。在型材上，它采用的是断桥铝合金型材，具有强大的抗风险能力；在玻璃上，采用的是强度化学钢化玻璃，有着"超级玻璃"的美誉，强度是普通玻璃的9~15倍；在五金上，采用的是德国G-U进口高端五金，这种五金可承受10万次开合，执手可达30年不氧化；在设计上，"欧哲"与设计大师邵唯晏打造了极具先锋性的门窗新品种——"自由·拾光"设计师款高定系列平开窗；针对别墅、大平层等高端私宅用户，它还推出了天幕智能全景窗等融合工业美学与智能科技的重磅产品，在满足建筑大面积采光的同时，提供了人性化的独有视野体验。2022年，"欧哲"相继斩获了"德国iF设计奖""红棉设计奖·产品设计奖""广州设计周推荐品牌"

等多个重磅荣誉。

无论是皇派门窗从"隔音"到"绿色"的升级，还是"欧哲"从"安全"到"美学""智能"的进化，其目的都是满足高端消费者的多维需求。

近年来，高端定制门窗行业一直处于高速发展阶段。虽然受到外部市场环境变化的冲击，行业发展开始放缓，但朱福庆认为，门窗行业的发展还存在相当大的空间。目前，每个品牌的市场份额过于分散，随着行业逐步发展壮大，未来一定会出现百亿级的门窗行业巨头。（案例来源：高端品牌实验室案例研究中心）

PART 08

第 八 章

高端日用品品牌篇：
新消费浪潮下的
品牌升级

高端美妆品牌的发展

高端化妆品市场规模

近年来，随着"Z世代"以及收入可观、生活富足的"新银族"等正在成为新的消费主力军，高端化妆品的市场表现日益突出，购买力具有韧性，并保持稳步发展。

《2022年中国高端化妆品市场分析报告》显示，人均消费水平的提高，带动了中国化妆品市场结构向高端化升级。2021年，中国高端化妆品市场规模扩大至2143亿元。

我国化妆品行业呈现出明显的高端化趋势，近年超高端、高端化妆品增速远高于大众化妆品增速。根据前瞻产业研究院的研究，2015～2021年，我国超高端化妆品、高端化妆品、大众化妆品的复合增速分别为28.9%、22.3%、5.4%；高端和超高端化妆品占行业整体比重在2021年分别达37.8%和10.2%，较2015年分别提升17.5%和6.2%。参照日本、韩国等亚洲国家的经验，我国高端、超高端化妆品市场占比仍有较大提升空间（见图8-1）。

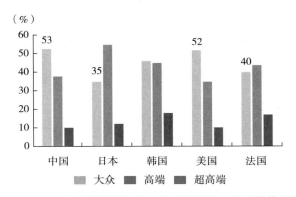

图 8-1　2021 年五国高端化妆品占本国化妆品行业整体比重

资料来源：前瞻产业研究院，东方证券研究所。

高端化妆品市场格局

"十四五"规划明确指出，化妆品产业是中国培育高端自主品牌的重要消费领域之一。遗憾的是，目前在中国化妆品市场上，几乎看不到本土高端品牌，中高端市场基本上被外资垄断，其中欧莱雅、宝洁、联合利华、雅诗兰黛、资生堂等主要品牌约占 52.4% 的市场份额。

欧莱雅集团是中国高端化妆品市场的"领头羊"，市场占有率高达 18.4%。海伦娜·鲁宾斯坦、兰蔻、科颜氏、碧欧泉、圣罗兰美妆、华伦天奴美妆、阿玛尼美妆、植村秀、羽西、URBANDECAY、欧龙、Masion Margiela 等高端化妆品品牌首次超越大众化妆品部，成为欧莱雅在中国最大的事业部。数据显示，2021 年第二季度，欧莱雅集团高档化妆品部门实现销售额同比增长 45.7%，达到 27.02 亿欧元（约合人民币 207.32 亿元）。

从市场研究机构欧睿国际（Euromonitor）的数据来看，中国化妆品高端市场集中度较高，CR3（指业务规模前三名所占的市场份额）、CR5 和 CR10 占比分别为 41.6%、51.1% 和 64.5%。在市场排名前 20 的企业中，外资品牌约占 80%，本土企业仅占 20% 左右。市占率排名前十品牌的国有品牌仅有广州阿道夫和云南贝泰妮（薇诺娜护肤系列），分别排名第七和第九，市占率分别为 3% 和 2.3%。

高端市场上，外资化妆品集团目前的垄断地位主要源于发展时间较长，有"强品牌 + 强研发"的核心竞争力。它们在加强品牌推广的同时，也注重研发投入，产品品质有保障。它们在国内大城市的百货商场设立专柜，以彰显高端品牌和高端消费的形象。

受此鼓舞，爱马仕、华伦天奴、路易威登等奢侈品品牌相继入局高端化妆品赛道，使得我国日化行业的高端竞争越发激烈。

近年来，受国潮风的影响，国产品牌正逐步崛起，受到"Z 世代"青睐，市场占有率呈逐年上升趋势。例如，以阿道夫、薇诺娜为代表的新锐品牌，以佰草集、百雀羚为代表的经典品牌，在与外资品牌的竞争中保持着较强的韧性，但目前它们还无法和国外品牌全面竞争。

高端困境与未来出路

目前，国产护肤品企业的科研水平普遍不高，基础研究更加匮乏，大多数品牌的科研投入较少。院校和科研机构由于长期不能与产业结合，导致科研成果被束之高阁。加之厂商只想赚快钱，拼命地模仿与抄袭，引发恶性竞争。

因此，虽然拥有庞大的市场基础，但中国化妆品行业整体仍处于产业价值链的底端，即以生产制造、代加工为主要参与形式，在与全球高端化妆品品牌竞争的过程中，依然无法突破国际巨头铸就的超强壁垒。

优质的原料才能生产高档的化妆品。国内化妆品原料生产企业总计约800 家，其中高档原材料生产企业有 79 家，约占 10%。从地域上看，高档原材料生产企业主要集中于华东地区，占比高达 60%，另外 20% 分布于华南地区。这类企业的稀缺，制约了我国化妆品品牌向高端化发展。此外，化妆品安全问题频出，也阻碍了国内品牌的进步。

高端品牌实验室认为，未来，需求端的变化将继续助推行业高端化趋势。

一方面，从 2018 年起，在社媒渠道及供给端的助推下，产品成分成为护肤品的消费"风口"，消费者选购商品时更注重产品安全性和成分有效性，愿意购买高品质产品；另一方面，"90 后""95 后"逐步成为消费主力军，对产品品质的追求明显提升。

因此，在成分配方升级的基础上，国产品牌仍有价格上涨空间，进而拉动客单价的提升。此外，在护肤需求精细化的消费趋势下，部分化妆品品牌通过产品多元化战略，满足消费者的全套需求，以连带销售推动品牌整体走高。

在部分专业性强，消费者需求更强的细分赛道，国产品牌目前的市场渗透率较低，如敏感肌、医美术后修复等需求，以及透明质酸、胶原蛋白等新材料。这些赛道为当前国产化妆品的高端升级提供了弯道超车的新路径。

2017 年以来，中国皮肤学级护肤品市场增长迅猛，2016～2021 年的年均复合增长率高达 32.58%，期间诞生了以薇诺娜为代表的高端护肤品品牌。根据欧睿国际的统计数据，2022 年，我国皮肤学级护肤品市场规模约为 285.9 亿元人民币，已经超越美国市场。资料显示，该类别产品的市场渗透率从 2014 年的 1.46% 提升至 2021 年的 4.98%。不过，与较为成熟的法国市场 11.97% 的渗透率相比，后续成长空间依然可期。

另外，透明质酸在补水保湿领域，胶原蛋白在抗衰、修复保养领域的应用优势明显。2021 年，在中国功效性护肤品市场中，以重组胶原蛋白、透明质酸为原料的护肤品市场规模分别为 46 亿元、78 亿元，市场渗透率分别为 14.9%、25.3%。预计到 2027 年，重组胶原蛋白、透明质酸在功效性护肤品市场的渗透率将分别增长至 30.5%、29.1%，规模分别增长至 645 亿元、617 亿元，年均复合增长率分别为 55.29%、41.16%。未来，这个领域将有望出现与外资品牌相抗衡的本土高端品牌。

高端白酒品牌的发展

市场格局："一超两强"

近年来，由于年轻消费者对白酒的消费热情日益淡漠，因此整个白酒市场正在加速萎缩。数据显示，从 2016 年开始，受到市场萎缩趋势的影响，白酒的产量持续下滑，2018 年甚至出现了 27.28% 的最大跌幅。

2022 年，白酒产业中，规模以上白酒企业 963 家，产量 671.2 万千升，同比下降 5.6%；完成销售收入 6626.5 亿元，同比增长 9.6%；实现利润 2201.7 亿元，同比增长 29.4%。

但与此同时，以茅台、五粮液、泸州老窖为代表的高端白酒的市场总量却由 2012 年的 4.5 万吨扩容至 2019 年的 7 万吨，以 1% 的产量占比实现了 25% 的收入占比。2022 年，贵州茅台、五粮液、泸州老窖三家酒企的营收总规模为 2231.93 亿元，占 20 家上市白酒企业总规模的比例为 63.89%。

显然，白酒行业整体萎缩，竞争已经到了白热化阶段，高端白酒的市场却风景独好。为了适应消费升级的需要，高端化已成为众多白酒企业实现增长的必由之路。

在行业供给侧优化以及居民消费水平持续提升的背景下，"少喝酒、喝好酒"的理念日益深入人心。

由于消费结构性升级带来的需求量增加，加之高端白酒严苛的工艺流程和高品质要求，供需出现的不平衡导致高端白酒的价格不断抬升。

如果按照价格分类，我国的高品质白酒划分为高端白酒、次高端白酒。其中，高端白酒的价格带定位在 800 元以上，主流品牌包括茅台飞天、普五（普通五粮液）、国窖 1573 等，该层级的产品主要以送礼、商务活动和高端宴请为主；次高端白酒的价格带定位在 300~800 元，以梦之蓝、青花汾酒、品味舍得等品牌为代表，主要用于商务活动与宴请等。

高端白酒的上市公司主要包括贵州茅台、五粮液与泸州老窖，次高端品牌包括山西汾酒、舍得酒业、酒鬼酒、水井坊与洋河股份。

目前，中国高端白酒市场呈现"一超（指茅台）两强（指五粮液和泸州老窖）"态势。公开数据显示，2012 年，高端白酒中"茅五泸"合计市场份额约为 71%。至 2022 年，茅台、五粮液及泸州老窖合计已占据高端白酒 95% 的市场份额，市占率分别为 57%、30%、8%，行业格局稳定。青花郎、酒鬼内参、国台龙酒、洋河 M9 等部分高端白酒单品的市场份额合计不足 5%，规模相当有限。

2020 年，中国白酒千元以上价格带的市场规模约为 1000 亿元。2021 年，千元价格带已经突破 1600 亿元，扩容约 60%。

目前，白酒行业前十强企业几乎都将主打大单品锁定在了千元价格带，茅台、五粮液、泸州老窖、汾酒、古井贡酒、郎酒、习酒、金沙、钓鱼台等主导的大单品均布局在千元价格带，如茅台 1935、第八代五粮液、国窖 1573、汾酒青花 30、古井年份原浆・古 26、君品习酒、青花郎、摘要酒、钓鱼台、国台龙酒、珍酒・珍三十、水井坊典藏系列、仰韶彩陶坊・太阳等。

茅台和五粮液的年份酒均表现出年份越久、价格越高的特性，活跃的老酒二级市场为高端白酒带来了独特的投资收藏属性。

除市场因素外，高端白酒还具有一定的投资属性。这源于以下因素：其一，白酒没有保质期，尤其对酱香型白酒而言，年份越长风味越佳，这导致茅台的品质会随时间相应提高。其二，高端白酒供给稀缺。茅台酒短期内供给几无提升，五粮液、泸州老窖产能扩张有限，同时还有控量保价需求，因此未来高端白酒供给稀缺的格局一时难以改变。其三，价格上涨预期。从历史上来看，高端白酒价格总体向上趋势明显，消费者对于其保值增值属性具有一定的信心。

"奢侈"茅台

受酿造工艺、生产环境、原材料选取等多重因素影响，高端白酒对品质的要求极为严苛。

茅台酒用水取自赤水河上游，周边地质结构以紫色砂页岩为主，酸碱度适中，地面、地下水经过紫色土层过滤后富含微量元素，造就了茅台酒独一无二的口感，形成天然准入壁垒，坊间也因此有"出了茅台镇，产不出茅台酒"的说法。

另外，茅台的"12987"酿造工艺独特且复杂，体现出很强的工匠精神。基酒生产周期长达一年，其中包括五月端午制曲，重阳下沙，两次发酵，二次投料，八次加曲，九次蒸煮，七次取酒。生产出的基酒需存放三年，再进行勾兑储存半年到一年，因此整个生产周期至少在五年。

此外，茅台已经超脱消费属性，具备了奢侈品特性。产能限制决定了供给受限，茅台是典型的卖方市场；茅台酒随年份增长价格随之上升，部分稀缺非标酒更是独具收藏价值。此外，茅台相较普通的奢侈品有更多优点，如产品对设计改良的需求更低、标准化程度高等。

在产能控制上，茅台一直采取谨慎的产能扩张策略，近年来提价已较为节制，预计未来五年能够维持过去五年的提价速度。

社交属性决定了白酒的消费偏好受"意见领袖"影响较大。在营销策略上，茅台多年来一直围绕"核心意见领袖"进行，为高端白酒行业树立了典范。近年来，更通过举办"茅粉节"等活动，搭建茅台与"茅粉"的互动交流平台，培育"粉丝"文化，为"文化茅台"持续注入强劲动力。

在渠道策略上，茅台一直注重经销商利益，注重培育经销商，共同维护市场秩序，打造良好口碑。其渠道策略有两大特点：一是茅台的渠道利润是最高的，因而茅台经销商在同等的销量下可以赚取比其他代理商更高的利润；二是茅台的挺价决心非常强，即便在行业低谷期价格也从未倒挂，有效降低了经销商的库存和价格管理难度。

在白酒的高端化浪潮当中，被誉为"酒中贵族"的贵州酱酒扮演了排头兵的角色，形成了一个强有力的高端品牌"酱酒军团"，包括茅台、习酒、国台、珍酒等。这是贵州酱香型酿酒长期以来坚持传统工艺酿造所带来的时间复制，也是贵州的一大地域优势。未来习酒有望跟随茅台，成为高端酱酒品牌的另一个优秀代表。

高端品牌的建设虽然离不了独特的环境、传统的工艺，但这些只是产品层面。在品牌的现代化运作方面，习酒和茅台都有需要改进的空间，比如工业与艺术设计、消费者体验建设、用户的运营、品牌的专业化运作、信息化与数字化以及现代企业的组织建设等。

五粮液与泸州老窖

事实上，五粮液和泸州老窖等浓香型高端白酒同样具备一定的稀缺性特征：

产区环境要求高。浓香美酒对产区环境要求非常苛刻，宜宾、绵竹、泸州、邛崃等浓香产区位于四川盆地的边缘地带，气候环境利于微生物繁衍生息。同时，产区地质结构特殊，地下水源极其丰富，经过地下沙砾层的层层渗透过滤，富含大量的微量元素。在酿造过程中，微量元素与乙醇发生物化作用，产生独特的风味。

老窖池依靠历史传承。浓香型白酒对窖池年份的要求非常高，圈内一直有"千年老窖万年糟，酒好全凭窖池老"的说法。

窖池一般是用特有的黄泥、泉水或井水掺和筑成。几百年的老窖泥中微生物非常丰富，由此蒸煮出来的白酒也越发香醇。因此，年份越久远的窖池，产酒的品质和风味越好，越为稀缺珍贵。

五粮液拥有数万口窖池，其中"明清古窖池群落"汇集了156口百年窖池，最早的窖池从1368年使用至今。泸州老窖高端单品"国窖1573"

最大的品牌亮点即其国宝级的明代窖池——窖池群始建于明朝万历年间,连续使用至今,已成为中国白酒文化之鉴定标准和(固态)蒸馏酒酿造工艺发展的活文物见证,1996 年 11 月被国务院划为"国家级重点文物保护单位"予以保护。

工艺精细,出酒率低。从单排发酵期来看,浓香型发酵期最长超过 90 天,酱香型 30 天,洋酒 7~15 天。浓香型工艺实行分段摘酒、按质分级、按级定价,一般优质浓香型白酒出酒率不超过 20%。

即便是老窖池,产出优质酒的比例也很低。30 年的老窖池优质酒率不足 20%,百年以上的老窖才能达到 50% 的优质酒率。

历史沉淀深厚。高端白酒品牌大多经过几十年甚至数百年沉淀,文化底蕴深厚,其他品牌很难超越,拥有较高的竞争壁垒。

在营销策略上,五粮液与泸州老窖各有不同。

五粮液采取的策略是打造品牌矩阵,聚焦大单品,重拾高端形象。

五粮液历史悠久,品牌知名度堪比茅台,头部位置几乎无可撼动,但是历史上也因为品牌定位不清晰、中低端品牌买断和 OEM 贴牌等问题影响了其高端品牌形象。2017 年,五粮液提出"向核心品牌、自营品牌、中高价位品牌聚焦"的原则,继续加快淘汰清退销售不利的产品品牌,将资源聚焦到大单品。2018 年至今,五粮液的品牌辨识度大幅提升,打造出"1+3""4+4"两大产品矩阵。其高端酒包括大单品八代水晶瓶五粮液、低度五粮液、经典五粮液、超高端 501 五粮液;系列酒包括四大区域性单品和四大全国性大单品。这种品牌矩阵的打造有利于管控品牌,在扩张产品序列的同时也不损伤高端品牌形象。

泸州老窖采取的策略是注重营销创新与客户开发和维护。

在品牌渊源方面,泸州老窖的优势同样明显,使用至今且保存完整的 1573 国宝窖池群被国务院公布为"全国重点文物保护单位"。20 世纪 90 年代,由于定价策略方面的失误,其高端品牌受损;在 2012 年后的行业低谷期,国窖 1573 也遭受过重创。

为了重振高端品牌，2017 年泸州老窖成立品牌复兴领导小组，重点致力于重大事件营销，并在终端客户开发和维护方面不遗余力。从结果上看，虽然公司近年销售费用率显著高于茅台和五粮液，但提升了品牌力并带来相应溢价，毛利润率和净利润率反而得到提升，取得了良好成效。2020 年，在销售费用率拐头向下的情况下，泸州老窖的毛利润率和净利润率提升则更为显著。

高端牛奶品牌的发展

高端食品饮料的消费者偏好

在中国，消费升级趋势已席卷多个市场。随着消费者的健康意识不断提高，高端食品饮料展现了强劲的增长态势。

2019 年，英国咨询机构敏特（Mintel）发布的《2019 全球食品饮料趋势》报告显示，只有 4% 的被访消费者表示没有购买过列出的高端食品饮料产品。这表明，大多数消费者乐于接受高端价位的产品。

在高端食品饮料购买率中，零食或坚果（64%）位居首位，其次为酸奶（63%）、水果蔬菜（57%）、鲜榨果汁（49%）、冷藏鲜奶（46%）等冷藏产品。"冷藏"正慢慢成为"新鲜"的同义词。

对于选择高端价位食品饮料的原因，消费者提及最多的两项分别是"产品质量更好"（73%）和"产品更健康"（66%）。这表明，如今消费者愿意对自身健康投资，对营养也有一些基本了解。

消费者选购食品饮料时优先考虑公认的高营养价值，优先性最高的为水果蔬菜（41%）、酸奶（38%）和冷藏鲜奶（30%）。这表明，如今消费者愿意为新鲜、营养价值高的产品支付溢价。

为确保所购商品物有所值，84% 的受访者表示"我愿意花时间寻找哪些品牌能提供适合我的高端食品饮料产品"，83% 的受访者表示"我倾向于购买知名食品饮料品牌推出的高端产品"。大多数被访消费者在以下渠道买过更贵的食品饮料产品：精品超市（72%）、普通超市 / 大卖场（62%）和综合性网上商城（61%）。

牛奶作为高端食品饮料行业中一个较大的细分市场，其高端化趋势明显，且形成了较强的品牌效应。

牛奶市场格局

经过多年的市场宣传，"多喝牛奶对身体好"几乎成为了消费者的共识，不过，白奶（通常指原料仅为牛乳的巴氏杀菌奶或高温灭菌乳，如纯牛奶）是为满足基本需求而出现的产品。随着国民健康意识的提升，人们的关注点开始逐渐转移到"喝好奶"上。近年来，乳制品需求强劲，其中高端液态奶的需求更是持续强劲。

凯度消费者指数"中国城市家庭样组"数据显示，2022 年高品质白奶的平均价格为 18.7 元 / 升，销售额同比增长 5.1%，市场渗透率为76.5%。相比普通白奶，高端牛奶的市场渗透率增长更快，而且高端白奶也是销售额增速较快的一类。

根据弗若斯特沙利文咨询机构（Frost & Sullivan）的统计数据，高端白奶在中国液态奶市场中的占比逐年提升。2015~2020 年，我国高端液态奶零售额由 885 亿元增至 1327 亿元，2022 年突破 1500 亿元，未来几年增速将在 5%~15%。

目前，中国牛奶市场中品牌的市占率高度集中，形成了两强对决的格局。伊利与蒙牛是中国乳制品行业的巨无霸，按销售额统计，2022 年两者分别占据 21.2% 与 16.3% 的市场份额，其中高端奶贡献巨大，成为两者的支柱型品类。

2005 年，蒙牛推出常温奶高端品牌"特仑苏"，以一句"不是所有牛奶都叫特仑苏"一炮走红。2006 年，伊利为追赶蒙牛高端化的步伐，推出"金典"对标"特仑苏"。

2022 年，蒙牛营收 814.63 亿元，其中，特仑苏销售收入突破 300 亿元，贡献率超过 35%。同年，伊利整体营收 1082.80 亿元，其中，"金典纯牛奶"系列产品年销售规模超过 200 亿级。特仑苏、金典成为高端奶市场的两强。

近些年，高端牛奶受到了很多的关注。以前，拥有高蛋白、有机奶源就可以称为高端奶，现在，高端牛奶则是从奶源、技术到营养都做出了新的突破，逐渐打破了消费者之前对高端牛奶的固有印象。娟姗牛奶、A2 牛奶、零乳糖低脂牛奶等高端品类越来越多，呈现出百花齐放的格局。

高端牛奶的发展趋势

益普索调查显示，消费者对高端奶的认知主要包括高品质、成分天然、口味 / 口感好等，这不仅代表了消费者对于乳制品的新需求，也为高端白奶提供了发展方向。

目前高端牛奶有三个重要发展趋势：

一是突出奶源优势。

在牛奶高端化的过程中，奶源已经成为乳企的一个关注重点。随着消费者消费意识的变化，从奶源上"讲故事"也更容易让消费者接受。奶源变化是一个重要趋势，利用各种珍贵、稀少的奶源来生产高端牛奶，是树立高端品牌形象的重要策略，如娟姗牛奶、A2 牛奶、草饲牛奶、有机牛奶等。

一方面，相比荷斯坦奶牛，娟姗牛、A2 基因型奶牛确实在数量上更少；另一方面，这些奶牛在饲养等方面的要求会更高一些，例如有机草饲等。因此，珍贵、稀有等特点成就了高端品质。

二是利用新的技术。

市场上的主流牛奶产品大多采用超高温瞬时灭菌和低温巴氏杀菌，随后膜过滤技术、超巴技术也开始逐渐被应用。

比如，光明致优鲜奶、天润鲜牛乳采用的是低温陶瓷膜过滤工艺，优诺冷藏牛乳、明治醇壹鲜牛奶采用的是超巴技术。近些年还进一步出现了超滤技术，以及应用范围更小众的冰博克技术等。

以超滤技术为例，特殊的过滤工艺能够调整牛奶中的关键成分，比如蛋白质、乳糖、钙等，最终可以达到提高蛋白质、钙含量，降低乳糖含量的目的。冰博克技术与之类似，通过分离牛奶中的水，进而实现提纯牛奶的目的。

无论是超滤技术还是冰博克技术，它们的应用都在一定程度上提升了普通牛奶的品质。

三是升级营养价值。

奶源和技术的变化，最终实现的是营养价值提升。

牛奶本身就是具备较高营养价值的产品，高端牛奶则是在此基础上的进一步提升。比如，伊利纯牛奶的蛋白质含量为3.2g/100ml、钙含量为100mg/100ml，而伊利金典纯牛奶的蛋白质含量为3.6g/100ml、钙含量为120mg/100ml。

此外，市场上还出现了针对不同健康需求消费者的高端牛奶产品。比如现代牧业旗下子品牌三只小牛的"睡前30分"适合睡眠障碍人群、"软牛奶"对乳糖不耐受人群友好，进一步丰富了牛奶的健康、营养属性。

高端现制茶饮品牌的发展

新式茶饮市场规模

随着年轻人群逐渐成为消费主力，新式茶饮由于其口味多变、颜值在线、种类丰富等特点迎合了年轻群体的偏好。

《2022年新式茶饮高质量发展报告》显示，2022年，新茶饮市场规模超过2900亿元，其中新式现制茶饮行业需求量为159.39亿杯，市场规模巨大。

新式茶饮凭借高颜值、多样口感（可定制）、新鲜现制、提供情绪价值等特点，已成为最受年轻消费者欢迎、增长速度最快、潜力最大的赛道。在消费群体中，"90后"与"00后"占整体数量的七成。其中，每月在茶饮上的支出在400元以上的占比达27%，200~400元的占31%。

其中，高端现制茶饮赛道尤为值得关注。据灼识咨询预测，2025年高端现制茶饮将占中国现制茶饮消费总额的24.7%，预计年均复合增长率将达32.2%，高于其他现制茶饮的平均增速。其中，喜茶、奈雪的茶为高端新式茶饮市场的两强。2022年，喜茶全年销售额约为47亿元，奈雪的茶实现营业收入42.92亿元。

从市场份额来看，根据Mob研究院数据，喜茶的市场份额最高，2021年占比达23.3%，奈雪的茶占比为15.1%。在门店数量上，喜茶也是一马当先，2023年已突破2000家；奈雪的茶有1300多家直营门店，其他品牌如茶颜悦色（门店数近500家）、乐乐茶（门店数为160多家）也在全国范围内占有一席之地。

高端现制茶饮的市场格局

高端现制茶饮通常以原茶、鲜奶、新鲜水果等在内的新鲜优质原材料为食材，价位通常在20元以上。其中，成立于2012年的喜茶均价为26.73元；成立于2015年的奈雪的茶均价为28.86元。相较之下，成立于2015年的茶颜悦色虽然爆火，但均价为16.56元，属于中档价位。

高端现制茶饮的目标客群主要为购买力较强且喜爱社交娱乐的年轻群体。高端茶饮品牌虽然都强调高品质茶饮体验，但不同茶饮品牌在品牌调性和营销策略上各不相同。喜茶聚焦于茶，强调原创与潮流；奈雪的茶将"茶饮＋欧包"与第三空间作为营销重点。茶颜悦色的文化属性特征明显，充满国风气息；乐乐茶突出快乐和乐茶君 IP 形象打造。

高端茶饮的想象空间源自企业品牌力的塑造，因此企业需要保持品牌价值的充分释放。这就需要企业在产品质量、SKU 新品设计以及门店服务等方面严格把关，从而保持自己的高端品牌形象。

高端茶饮品牌通常选择直营模式，通过高客单价、高订单量、高毛利率来实现盈利。由于各项成本较高，门店扩张需要投入较多的运营资金，因此高端茶饮对现金流要求较高。这限制了门店扩张的速度，同时对团队的运营管理能力提出了挑战，也因此建立了一定的市场壁垒。这是高端茶饮市场集中度相对较高、品牌较少的重要原因。

随着新式饮品的竞争越发激烈，一些高端茶饮品牌纷纷开始加速布局新零售。

喜茶陆续推出了饼干、薯条、爆米花等零售产品，并推出了无糖气泡水产品"喜小瓶"；奈雪的茶在深圳海岸城开设了全国首家"梦工厂"旗舰店，商品类型涵盖烘焙、牛排、零售、酒水、茶饮、咖啡等领域 1000 多种产品。

在线上渠道，喜茶、奈雪的茶等已上线天猫旗舰店，头部品牌均推出了茶叶零售产品，继续挖掘年轻人的饮茶市场。

奈雪的茶 2022 年财报显示，包括气泡水、茶礼盒、伴手礼等在内的其他产品营收由 2021 年的 8783 万元增长至 2022 年的 3.80 亿元；营收占比由 2021 年的 3.9% 上升至 2022 年的 8.9%。

这些高端新式茶饮品牌虽然有一定的品类认知度，不少年轻消费者也愿意为其付费，但由于软饮市场竞争激烈，它们在全渠道运营与用户需求管理方面仍有欠缺，品牌强度并不高。

PART 09

第九章

高端品牌的
成功之道

卡萨帝：围绕用户　创新引领

21 世纪之初，经历了十多年市场洗礼和激烈竞争的中国家电行业走到艰难的十字路口。最具代表性的彩电业正处于技术迭代期，不但核心技术、部件受制于国外，而且市场疲软、价格战深化，夕阳产业的论调开始重新出现。

2006 年，卡萨帝出现了。彼时，在全球市场上，国内家电品牌长期停留在价格战策略上，绝大多数家电企业更是将注意力放在家电下乡、满足用户基础需求的家电产品上。但新生的卡萨帝宣称，要做国际高端家电品牌，向一直被欧美、日韩盘踞的高端市场发起冲击。

她会成功吗？有人质疑，这会不会是一种炒作；有人分析，此举难比登天，很难坚持；更多人则表示不相信，国人会买吗？在很长的时间里，卡萨帝在众人的观望、怀疑和悲观预测中前行。

她坚持了下来，并在经过十年的苦心修炼之后异军突起。2016 年，卡萨帝在高端家电市场登顶。此后六年间，卡萨帝以 10 倍的业绩增长刷新了人们对品牌的认知，在高端市场中的份额持续增长，连续 8 年成为高端市场冠军。2023 年三季报显示，其高端冰箱市场份额达 40.03%，高端洗衣机市场份额达 83.5%，高端空调市场份额达 28.5%。

卡萨帝用自己的崛起和成绩证明了一切，以 17 年的不懈努力，成为高端家电品牌的领航标杆和示范基地，成为用户认可、客户主推、行业追随的现象级品牌。同时，它的成功也标志着中国品牌成为新的世界家电产业龙头，开始引领世界技术、产品与品牌的潮流。

高端品牌与高端装备一样属于大国重器，其意义甚至超过后者，因为高端品牌不仅是一个产品或规模概念，而是高技术、高系统、高思想等的高维"新物种"。那么，卡萨帝的高端品牌是如何炼成的？

围绕用户痛点，"重新发明"家电

进入 21 世纪，尽管面临工业化和城镇化的利好，国内市场一直在快速扩容，但家电市场作为成熟度最高的行业之一，早已经过多轮竞争和价格战洗礼。因此，诞生之初的卡萨帝面临双重压力：一是高端市场被外资品牌 100% 瓜分；二是 2007 年开启的家电下乡令行业内的低价竞争蔓延至县乡等下沉市场。

这个时候，大多数企业都在追速度、上规模，以极致性价比在市场上制造增长"奇迹"，建设高端品牌几乎可谓与时代"背道而驰"。卡萨帝充分认识到，这是一条难而正确的道路，既然选择了远方，就要坚定前行。

卡萨帝的品牌名称源自意大利语，意为"家的艺术"，其一开始就以全球视野，立志成为国际高端家电品牌。她依托全球的设计中心和研发机构展开协同创新设计和技术攻关，当年就在颜值设计上取得突破，首批产品设计就荣获"中国创新设计红星奖"，次年卡萨帝洗衣机荣获具有设计界"奥斯卡"之称的"iF 产品设计奖"。

工业设计的创新带来产品结构乃至产品品类的重大变化。卡萨帝发现，欧美地区的主流高端冰箱无法容纳火鸡等体积较大的食物，要提前切割才能存放进去。围绕这个消费痛点，2007 年卡萨帝研发出法式对开门冰箱，克服了传统对开门冰箱冷藏室与冷冻室左右竖式分列的空间局限。这款冰箱一问世便惊艳海内外，次年获得第 24 届美国"金锤奖"（Golden Hammer Award）、德国"Plus X 奖"，此举不但开创了法式对开门冰箱的新品类，更以市场旺销引得国内外家电巨头瞩目。紧接着，卡萨帝意式三门冰箱再度出击，连获盛誉，被欧洲媒体评价为"会被对手模仿的产品"。就这样，卡萨帝靠着自己的创新实力横空出世，让全球家电品牌折腰效仿。

卡萨帝似乎很快找到了开拓市场的金钥匙，那就是"用户视角"。在这一指向下，洞察用户痛点，满足用户需求，家电产品几乎可以重新"发明"一遍。

其实，那时的家电工业都已经相当成熟了，一个中国企业何以能"重新发明"？原因在于，当卡萨帝以用户视角重新审视产品的时候，发现竟然还有那么多的用户痛点和用户需求，产品研发似乎进入了全新的、无比广阔的异次元空间。

冰箱产品的成功大大激励了卡萨帝。尽管初期的营收增长并不快，但在企业高层看来，这是立足高端市场和建立消费者认知的必经之路，因此给予了卡萨帝充分的支持和信任。

随着卡萨帝的高端产品线延伸至全品类，并开创家电套系化营销的先河，接连推出红色冰洗套系、白色铂晶套系等，卡萨帝对家电的"发明"也逐渐覆盖多品类。

传统的单筒洗衣机效率低、易导致混洗交叉感染风险，卡萨帝则以此为突破口，首次提出了"分区洗护"的理念，打造了全球首款上下双筒的双子云裳洗衣机，开创"分区洗"新品类。

过去空调解决的是家庭温度问题，卡萨帝天玺空调则可以智能识别房间内不同人体的冷热，根据需求进行分区、专属送风。这种"分区送风"技术实现了温度的个性化定制，打破了行业内"空调一次只能吹出一种风"的传统认知。

在卡萨帝看来，"发明"家电本质是为了"发明"生活：从法式对开门冰箱、双子云裳洗衣机的单点突破，到率先推行家电套系化；从融入家居空间、家装场景的鉴赏家套系、光年平嵌套系等，到基于生活方式的中子F2洗干集成机、星云空调、母婴净水机等全新产品问世……

　　而且，这种研发很快由设计革新、结构创新进入了技术创新的深水区，推动着卡萨帝向着原创和核心技术不断挺进：四国工程师协同研发的冰箱 MSA 控氧保鲜科技可以让存储于卡萨帝冰箱中的食材 7 天新鲜如初、洗衣机的"养护空气洗"支持"温、风、湿、速、时"五度数控、空调射流匀风科技获得 445 项国内外专利、热水器的"瀑布洗"凭借涡轮增压科技可将水压增加 70% 以上、烤箱凭借 FPA 湿烤技术加速熟化的同时保持食材纤维内部水分平衡、冰吧的"四维生态果藏"科技能在行业内唯一实现 12℃ 暖藏、卡萨帝电视带来音画俱佳的沉浸式观影体验等。

　　可以说，卡萨帝不断开拓市场、品类夺冠的 18 年，也是科技大爆发、从追赶全球到全球赶超的时期。目前，卡萨帝已经掌握了多项全球领先的核心技术。比如，冰箱保鲜技术，跳出了传统低温保鲜的模式，采用了阻氧干湿分储、MSA 控氧保鲜等技术；洗碗机创新液力悬浮喷淋臂，配合超薄直驱变频电机，不但提升了水流的冲击力、密度、精确度，还能"以水为轴"，避免零件磨损和藏污纳垢，实现 360 度无死角清洁。再如，在压缩机技术领域，其无压缩机固态电卡制冷系统关键技术获得全国颠覆性技术大赛最高奖，可以实现零碳排放、低噪声，让冷柜、冰箱等省电 50% 以上。

　　如今的卡萨帝已是一个全球科技加持、产品引领世界的高端品牌：在全球拥有 14 个设计中心、28 个合作研发机构、跨越多个国家的包含 300 多位设计师的团队和近千项国家标准及专利。其背后更是海尔智家蜕变为全球智慧科技集团的雄厚实力：拥有 12 项中国专利金奖，行业第一；全球发明专利 5.9 万余项，行业第一；智慧家庭累计公开专利 23000 余件，全球第一……

围绕用户需求，不断升级迭代

　　一二十年前，"以用户为中心"开始成为企业界一个相当时髦的提法，它代表了企业在激烈竞争环境下被动或主动的选择——必须聆听用户或客户的意见。

这在互联网企业看来似乎理所应当，也是其倡导的基本理念和设计产品的原则，但对工业革命以来诞生的、以大规模社会分工为特色的制造业企业来说却异常艰难，因为这不仅意味着观念的逆转，更需要企业组织、流程的重新建构，背后则要求企业建构起强有力的信息化、数字化和网络化能力。

这对卡萨帝来说却不是问题，因为其背后的海尔智家早在十多年前就开始了数字化转型的战略布局，"以用户为中心"的理念早已深入组织和人心。

"以用户为中心"说起来轻松、时髦，但做起来却无比艰难、痛苦，因为用户及其需求是会变的，而且身处剧变时代的中国，这一特点尤其突出，其中不但存在巨大的城乡差别、区域差异，而且消费风潮三五年就会显著变化，十年就会有明显的代际更迭、产业轮替。

卡萨帝应对的方式是随需而变：主动升级，自我迭代。在其内部有三句话最具代表性：用户是最好的设计师；用户是最好的体验官；用户是高端生活方式最好的创造者。

卡萨帝创牌的 18 年，经历了四次品牌升级：

高端产品引领阶段（2006~2015 年）

这一时期的战略重心是产品与科技。其重点方向是产品品质和外观的要求，即十年磨一剑、"重新发明"家电的卡萨帝建立高端品牌的产品基础，使其深深地烙上了"科技"的印记。

在产品上，卡萨帝以冰箱和洗衣机为突破口，2008 年，在冰箱和洗衣机领域打开高端市场壁垒，等消费者认识、接受卡萨帝品牌后，再全面进入空调、卫浴、厨电、智能安防等领域。目前，其已拥有冰箱、空调、洗衣机等 9 大品类、39 大系列、380 余个型号的产品。

同时，卡萨帝也积极进行品牌导入。整个集团在资源、研发、制造、组织与市场等方面全面支持品牌运营。

高端品牌引领阶段（2016~2019 年）

这一时期的产品重点方向是满足用户的套系化和智能化要求，因此率先引领套系家电的卡萨帝迎来自己的"风口"。

自 2016 年起，厚积薄发的卡萨帝品牌力大幅度提升，行业首推的高端套系成功收获了大批忠实用户，实现了品牌高均价下的持续高份额和高增长。

在品牌方面，伴随着其冰箱、洗衣机、空调等产品和套系产品在市场上的夺冠，这段时间卡萨帝的高端品牌形象得以成功确立。当然，品牌价值的建立离不开强有力的传播。这一时期，卡萨帝打造了一个融合品牌元素体系、社会公关活动、互联网新媒体、社群交互裂变、产品营销体验、全新品牌文化的品牌价值输出网络，一方面植入艺术文化，注重人文艺术价值塑造；另一方面兼顾主流媒介、平台和高端用户圈层的双向互动与口碑裂变，大幅度提升了其国际高端品牌家电的知名度和美誉度。

高端场景引领阶段（2020~2022 年）

这一时期的产品重点方向是响应用户的场景化、智慧化需求。卡萨帝的做法是，推出了"指挥家""银河""鉴赏家""光年"等经典高端套系；同时，其全系列产品均实现了智慧化，具体做法是，融合高端场景品牌"三翼鸟"打通衣食住娱，为用户提供从智慧客厅、智慧厨房、智慧卧室到智慧阳台的全场景高端生活方式解决方案。

在卡萨帝看来，冰箱的功能不能停留在制冷和高效管理食材上，它还是智慧厨房的核心网器，能根据用户身体状况推荐健康美食，并能联动厨电产品开启智慧烹饪；好空调也不只是为了精准地调控室温或省电，还要能通过声纹识别判断家里是否有老人、小孩，并为他们定制专属的温度环境和空气环境……全屋智慧家居场景生态，将家电行业彻底从生产为王的产品时代推入体验为王的场景时代。

这一时期，卡萨帝将自身推进了物联网时代，以自身钻研多年的物联网技术，实现了用户对家居设备的远程控制和智能化管理。另外，其全嵌、自由嵌、平嵌等套系的不断推出，不但重塑了家居美学，更将卡萨帝的科技硬核实力体现得淋漓尽致。

高端生活方式引领阶段（2023年至今）

2023年6月，卡萨帝品牌升级发布会在重庆国际博览中心举行。在经历了高端产品引领、高端品牌引领、高端场景引领之后，卡萨帝宣布启动全新品牌升级，迈入高端生活方式的全新引领阶段。

此外，卡萨帝还加速推进触点创新，自2022年起，已入驻300多家Shopping Mall品牌体验场景中心，2023年更是将触点持续落地全国标志性高端商场：在华东，卡萨帝相继进驻上海环球港、上海香港广场、第一八佰伴、剪刀石头布家居生活广场，卡萨帝高端生活方式已经覆盖上海主城区；2023年12月，成功入驻号称汇集全球95%一线奢侈品品牌的南京德基广场。在华北，卡萨帝艺术生活馆入驻北京槐房万达广场。

在卡萨帝看来，用户需要的是一个多元化的场景、个性化定制、终身化迭代，用户的需求已经从单一的产品功能上升到丰富的生活方式。卡萨帝希望通过原创精研科技、空间智序体验、高端智感生活三大维度搭建起全新的品牌体系，试图为用户全方位定制。

因此，"以用户为中心"是一种全新的、先进的思想体系和操作界面。它让传统的多元化经营理论失效，也让工业时代的产品界限消失。产品正向服务化迈进，向场景需求迁移，向生活方式延伸……难怪有人说，卡萨帝的成长本质上是一场由用户推动的、可持续迭代的品牌进化。这种进化包括了产品迭代、战略迭代、品牌迭代和理念与模式迭代等多重维度，迄今还在继续。

围绕"用户至上"，建设生态品牌

可以看出，卡萨帝高端品牌战略的核心是"用户至上"，即随用户的需求而生，因用户的改变而变，迎接时代的机遇，唱响时代的节拍。与此同时，卡萨帝还坚持一个"不能变"，即自始至终卡萨帝都是一个高端品牌，要为用户提供高品质的美好生活解决方案。

如今，卡萨帝的高端品牌形象与地位已经奠定，一方面向全球化快速挺进，另一方面从场景品牌向生活方式品牌切换。无论是使用场景、家居场景还是智慧场景，归根结底是生活方式的一部分。

2023 年针对用户群体的生活方式做出改变，从以前的"人找货"变成现在的"货找人"，为用户定制一站式高端生活解决方案。

用户是生态品牌的核心部分。卡萨帝不仅在产品上，还在服务、体验、现场、口碑全流程上关注用户的高端体验。2023 年，卡萨帝全面升级高端服务，通过专属服务通道、专属服务管家、专业融合设计、专业精致安装、专享包修承诺、专享清洗保养、专享 VIP 终身保修，为用户带来极致服务体验的同时，也带动全行业向着更全面发展的方向升级。此外，它还与用户展开深度互动，进行口碑发酵和圈层裂变，让用户成为卡萨帝的体验官和推广者。

此时，服务就是产品。卡萨帝从家庭用户的多元化、个性化需求出发，打造全链条、一站式的生态服务。据悉，卡萨帝全场景高端生态方案已经覆盖了智慧护理、健康饮食、舒适住居、娱乐互娱四个维度，可以全方位满足不同阶段生活方式家庭的需求。通过开放生态，卡萨帝延长了服务长度，再以此赋能门店，在市场上转化全新增量，促成良性循环。

我们看到，卡萨帝的生态品牌体系糅合了美学、场景、空间、生态和智能互联等多维度及其交互体验，这必然触及技术的内核，以及平台乃至生态体系的建设。因此，科技领域的高端品牌必然以高科技为支撑。卡萨帝今天在高端品牌领域的巨大成就，背后有着以用户为中心的创新迭代和持续精进。其卓越之处不仅仅体现在公司的业绩增长上，更体现在运作的思想理念、境界、模式、组织形态和建设方法上，后者所带来的巨大影响将在未来日益清晰地呈现在世人面前。

华为：跃进之路

在全球市场上，很少有中国品牌能像华为一样，具有广泛的国际影响力。在短短的十年时间里，华为从 B2B 到 B2C，从手机行业的白牌到自有品牌，再一步步摆脱廉价的标签，从一个低端中国品牌蜕变为全球高端品牌。

2011 年是中国智能手机市场的分水岭。这一年，智能手机快速普及，价格不断拉低，以华为、中兴、联想、酷派为代表的本土企业通过与运营商合作推出定制机，占领了大部分中低端市场份额。而以三星、苹果为代表的高端品牌，则在全球市场上不断攻城略地，将行业的绝大部分利润收归囊中。

早期，凭借运营商定制业务，华为的市场份额不断扩大，但这是以牺牲品牌为代价的。在广大的消费者心目中，华为手机是运营商办理业务时赠送的附属品，显然，这并不是真正意义上的消费市场。而 4000 元左右的目标价位，让华为在消费者心中留下了低端的印象。

几年过去，名噪一时的"中华酷联"，只剩下华为一路高歌猛进，其他三个品牌早已十强不入，有些甚至消失在人们的视野里。华为强烈地意识到，这是一个温水煮青蛙的过程，如果温度达到一定的临界点，就会死掉。

2011 年，华为逼迫自己走出舒适区，挺进高端，几年下来，不仅成功地抢占了全球高端市场，而且成为中国高端品牌的代表。2019 年 5 月 6 日，"BrandZ 2019 最具价值中国品牌 100 强"排行榜发布，华为拿下"最高端中国品牌"奖。这是中国科技类品牌首次获得如此殊荣。

如今，华为手机已成为唯一能在高端市场与苹果手机相媲美的中国手机品牌。它的崛起速度堪称惊人，2022 年销量超过 3000 万部，表现不俗。

那么，华为是如何一步一步摆脱低端"帽子"，在高端市场取得决定性胜利的呢？

淘汰低端产品，打造爆款新品

2011 年，中国手机市场发生大变局，曾经的手机霸主诺基亚的市场份额直线下降。这让华为意识到，定制机没有未来，做功能机更没有未来。

这一年，华为开始发展消费者业务，面向的客户不再是运营商，而是一个个手机用户。也就是从那一年开始，华为立志成为全球高端手机品牌。

品牌信念一旦在消费者的心中成型，就很难改变；从 B2B 转型为 B2C，不仅意味着业务模式的转变，也意味着运营方式的转变；再加上从低端到高端的跃迁，华为面临的挑战之大显而易见。

华为终端 CMO（首席品牌营销官）张晓云曾这样客观地分析："从一个 B2B 品牌转做 B2C 品牌，在行业里还没有成功的先例。华为品牌由低端到高端逆向发展的路径，的确违背了通常品牌发展的规律，更不用说，一个中国品牌想在全世界取得成功——特别是在消费领域。这会非常难。"

面对这样严峻的挑战，华为首先做的是"壮士断腕"。2012 年，华为砍掉了整整 3000 部功能机，2013 年，更是砍掉了 80% 的运营商定制手机。原本华为手机业务就是靠运营商渠道支撑的，这番自断生路，使得当时手机业务的新负责人余承东面临着巨大的压力。

做出这样的决定需要"向死而生"的勇气。余承东曾在采访中强调："走品牌之路，走精品之路，贵在坚持。重塑体系是大的转变，非常困难，但必须坚持，如果不坚持，事情就半途而废了。"

在华为看来，产品力是高端品牌的首要因素。在快速迭代的科技行业，如果产品力不够，品牌叫得再响亮也无济于事。华为要想成为全球高端手机品牌，就要有堪比三星、苹果的产品力。要达到这样的水平，仅靠微创新是不够的，还要在研发端实现关键技术的突破。

基于此，华为要求研发团队"造出甩别人一条街的产品"。它的逻辑是，手机新品一年一变化，如果制造出来的手机，比竞争对手只好一点点，竞争对手很快就会追上。这样是无法超越对手的，更不用说做高端品牌。在华为的定义中，做高端品牌，不是在手机上镶满钻石，而是做出性能、体验无比卓越的产品。

任正非认为，产品必须高质高价。只有赚的钱多了，才能将更多的钱投入到增加土壤肥力的事情上来，进入良性循环。否则，企业就永远只能在价格战上打转转、出不来，永远没钱去做研发。

更为重要的是，当时的中国手机虽然出货量大，但技术却备受怀疑。

作为中国科技走向世界的一张名片，华为还自觉承担起一种特别的使命：改变世界对中国制造的偏见。中国代工体系非常发达，华为真正要实现突破的是在研发领域。

对手机行业来说，研发是深水区，需要巨额资金投入。2019 年，华为的研发投入为 1317 亿元，超越了三星、苹果，跃居世界第二，仅次于Alphabet（谷歌母公司）。其中，华为手机研发投入超过 400 亿元，远超小米、OPPO 等国内同行。

面向国内的庞大市场，其他国产手机厂商的做法是直接买芯片，而华为手机却偏偏走上了一条最为艰难的路——自主研发海思麒麟芯片，避免了被别人"卡脖子"。

正是因为在研发上不惜一切代价，华为在产品力上开始迅速领先。

2014 年，华为推出主打大屏、长续航、高性能、安全的 Mate7 系列，在 3500 元以上市场站稳了脚跟。

2015 年，华为推出 Mate8 系列，一跃成为其标杆高端产品，并登上了"胡润百富至尚优品榜单"。同年，其智能手机全球销量突破 1 亿部，在多个国家成功进入智能手机第一阵营。

2016 年，华为与徕卡联合重磅推出 P9 手机，因拍照效果超凡绝伦，超越了一众手机品牌。同年，华为与保时捷合作推出了Mate9的保时捷版，大大提升了华为的设计水准与品牌价值。

2017年，华为Mate10在德国首发，首次搭载自主研发的麒麟970芯片——它是全球首个独立AI（人工智能）专用NPU（神经网络单元）的芯片。

在此后几年里，华为形成了P&Mate双旗舰系列，成功地抢占了全球高端市场。可以说，华为的高端品牌之路，是强大的研发能力支撑起来的。

与其他一些品牌相比，华为走的是一条持久创新之路。每一次创新，都是对业界的一次颠覆。

构建品牌矩阵，逐步向上升级

在传统的营销理论中，保持品牌调性的一致至关重要。例如，苹果，从不出低端机；爱马仕，从不卖廉价货；茅台，从不卖低价酒。然而，华为似乎打破了这一规律。

2011年，余承东接管华为终端，并将华为手机划分为D、P、G、Y四大系列。从2014年开始，D系列被"Mate系列"取代，G系列变成了"nova系列"，Y系列则更名为"畅享系列"。另外，"麦芒系列"主打电信运营商定制机。从布局上看，华为手机从定制机、低端手机到高端手机，进行了全方位覆盖。每一个系列都是一种消费群定位，都有若干个产品主打不同的功能。

如此庞杂的产品线，真的有利于华为打造高端品牌吗？

其实，华为的品牌管理也曾经历过一段时间的混乱时期。2014年之前，华为两大高端机系列——P系列和Mate系列并没有单独成体系，而是统一划在Ascend之下。

在华为品牌之下，还有一个Ascend子品牌，在这个子品牌之下才是P系列、Mate系列，最后才是具体的某款产品。Ascend好像无端生出来的一层滤网，过滤了品牌信息，也影响了品牌辨识度。

2014年以后，华为意识到这一问题，开始精简产品线。它首先拿掉了

Ascend，其次是将"畅想系列""麦芒系列"进行淡化，让其逐渐淡出消费者的视野。最终，华为形成了稳固的三角阵型：定位为"时尚科技"的P系列，聚焦时尚白领人群；定位为"高端商务"的Mate系列，主打商务精英人群；定位为"年轻潮流"的nova系列，迎合了年轻人的喜好。

与此同时，在华为品牌之外，又推出了互联网手机品牌——荣耀，与小米以及其他国产手机品牌进行正面竞争。这样一来，华为与荣耀，一高一低，相互呼应，构筑了一个强大的品牌阵型。

一系列行动下来，华为逐步实现了品牌的高端化，在国内市场的知名度与影响力与日俱增。

在竞争形势更加复杂的海外市场，华为的高端品牌能获得当地消费者的认可吗？相比中国消费者，欧美发达国家的消费者更加理性。此外，他们对中国制造"物美价廉"有着根深蒂固的偏见，要改变这种偏见，不是一朝一夕能完成的。

为了赢得海外消费者的信任，华为在全球建立了36个实验室和研发机构，以及14个研究所，真正做到了全球研发。同时，华为将高端产品的全球发布会设在海外，例如享誉全球的P9手机，全球发布会就设在德国，华为的创新实验室设在那里。

此外，华为加强了品牌管理，举措如下：①改变各个国家市场的品牌管理各自为政的局面，让品牌形象、品牌话术统一化；②在当地选择具有国家意识、民族意识的知名人物作为代言人，与本地消费者进行情感联结；③以国际化和时尚化的视角，直观清晰地表达产品的价值；④在全球范围内传播"奋斗者"文化，将品牌的温度与普通人的情感联系在一起，形成深度共鸣。

当前，消费结构正在发生巨变，不少大众品牌开始探索高端升级之路，华为手机无疑是值得参考的最佳范本之一。一方面，它通过大刀阔斧的改革，砍掉利润薄、竞争力不强的产品，轻装上阵；另一方面，通过"甩别人一条街的产品"打造爆款，奠定自己在高端市场的影响力，逐步向上延伸。从短期看，这种模式的投入大于产出，但从长期来看，却是华为手机加速成长、凤凰涅槃的关键之举。

方太：高端品牌的文化修炼

如今，越来越多的企业家前往位于浙江宁波杭州湾新区的方太集团参观游学。这个全年营收不足 200 亿元、位于一座小城中的厨电企业竟然成为中国企业界文化创新领域的标杆，令人称奇。

不过，在企业文化这面高高的旗帜下，方太其他方面的成就反而被遮掩了。事实上，它堪称技术创新、企业管理、质量控制、品牌管理等多个方面的模范生。

比如，在品牌管理方面，方太的高端品牌形象已经日益深入人心。12年前，其在高端油烟机市场的占比就已达到 44%。如今，它不但是国产高端厨电的领导品牌，更在多个高端细分领域成为冠军：方太吸油烟机在5000 元以上高端市场零售额排名全行业第一；方太嵌入式洗碗机 G1 和方太水槽洗碗机 Z5 双双入选 TOP10 畅销机型榜单，独占两席；方太集成烹饪中心 2019 年上市后即成爆款，五年销售突破 200 万台，市场占有率高达 90% 以上……

长期以来，面对迅速扩容的市场，绝大部分国产品牌选择了大众化的广谱赛道，主动塑造高端品牌的原本就罕见。再加上不少企业还在转型升级过程中，或刚刚推出新的高端子品牌，它们要么规模尚小，要么还未升级到位，要么还处于早期的产品与渠道阶段。方太堪称"极少数派"：它几乎在诞生之初就有了建设高端品牌的目标，在此过程中没有任何摇摆和偏离；它的发展速度和规模增长也毫不逊色，打破了人们认为高端品牌小众、增长缓慢的偏见；更重要的是，这是一个文化驱动型的高端品牌。文化不但内植于方太的产品、业务、管理体系和战略之中，更日益溢出于外，形成高端品牌的"灵魂"，在社会上及消费者心中绽放光芒，引发越来越多人的认同与共鸣。

理性自觉：秉持初心

早在 1994 年，上海交通大学硕士毕业、25 岁的"理工男"茅忠群就展现出了与年龄不相称的理性和沉稳。他回家接管父亲的企业时与父亲"约法三章"：老员工不要，亲戚不能进入，公司方向性的决策由自己说了算。这显示出了他的新思维。而两年后进军厨电行业、将品牌取名"方太"、以技术创新摆脱价格战等决策显示出他在调查研究基础上的理智决策。

1996 年，茅忠群亲自参与研发出第一台深型吸油烟机，创新性地将工业设计引入机型研发，产品投产当年，售价就比市面产品高出 20%。在他的内心深处，高价格就是一种高端市场定位，代表一种领导者的地位；价格是塑造高端品牌的锚点。

创业之初的茅忠群制定了"产品、厂品、人品，三品合一"的价值观（2008 年更改为"人品、企品、产品，三品合一"），显示出他对高端品牌的朴素信念：首先要有好的产品才能立足，在此基础上要将品牌和个人修为有机结合起来。

20 世纪八九十年代，价格战在各个行业陆续频繁上演，行业利润迅速摊薄。亲眼见证了父亲开创的点火枪事业迅速崛起又迅速陷入困境，茅忠群下定决心改变。90 年代后期，家电行业的价格战愈演愈烈，厨电行业也不能幸免。面对巨大的困难，茅忠群说服了父亲坚决挺住，同时反其道而行之，将重心放到技术上，推出了一系列具有竞争力的新产品，方太的价格反而比以前更高了。

21 世纪初，"不打价格战、只打价值战"成为方太明确的经营路线，与后来的"不上市、不贴牌"成为"三不主义"。这显示出方太在高端品牌路线上的理性自觉。正如茅忠群后来总结的：方太从创立初期就立志打造中国家电行业第一个中国人自己的高端品牌，所以有了"品牌文化"；而高端品牌必须创新，所以有了"创新文化"。

早期，电子电力技术专业硕士毕业的茅忠群是位不折不扣的"首席产品官"，懂设计的他带领技术人员画图纸、开模具、开会，后来有了一定收入，开始拿出不菲的资金用于新产品的研发和设计，即使面对同行的恶性竞争也依然如此。2004 年，茅忠群在企业内部提出了奖励研发重大贡献的政策，激励团队勇于创新。方太自创立以来，坚持每年至少将销售收入的 5% 投入研发，用于产品开发及前沿技术研究等。这造就了如今方太在技术专利方面的雄厚实力：2022 年入选中国民营企业发明专利授权量 TOP10，拥有超 1.1 万件国内授权专利、超 2600 件发明专利，掌握厨电行业最大专利池……

在茅忠群看来，持续创新是打造高端品牌最牢固的基石，"拿不出好产品，就别想做品牌"。

他身上有一种令人惊叹的沉静、笃定和智慧。在如此年轻的时候，没有"富二代"的"骄娇"二气和不良习惯，投身到二次创业的洪流中；在经营企业过程中，他似乎天生知道自己的使命，知道如何做正确的事，即使在当时看来显得那么的超凡脱俗。

在此过程中，他牢牢把握价值经营的准则，凭着理性的自觉选择高端品牌道路，并找到了高档产品和创新科技的强大立足点。这一过程中，他几乎没有青春期的叛逆、思想上的动摇，也没有事业上的大起大落，而立之年"立"得如此显著：大智若愚，大巧若拙；做事踏踏实实、扎扎实实；不矜不盈、不疾不徐，却又能行稳致远、做强做大，不断将企业推向更高的境界。

理念自觉：文化铸魂

在改革开放后的相当长时间内，大多数努力向西方学习的中国企业家把西式管理思想和体系奉为圭臬。2001 年，还未从中欧国际商学院 EMBA 毕业的茅忠群深感企业管理滞后，他开始倡导学习西方管理，包括战略管理、绩效管理、品质管理、制度管理和流程管理等，甚至从世界 500 强企业引入不少职业经理人。

这期间，方太学得十分用力和刻苦，成效也相当明显。然而，茅忠群心中始终有一个困惑：近百年的西方管理以制度和流程为核心，而中国人向来强调以人为本，如何处理两者间根本的冲突？究竟是应该西方思考、中国实践（think global,act local）还是思考本地化、行动全球化（think local,act global）？如何处理东西方之间的文化差异？

他产生了一个大胆的想法，在文化底蕴深厚的中国，最适合企业的管理模式自然也要与中国本土文化基因相结合。为此，他报了两个国学班，踏上寻找答案之路。很快，他就发现，以儒家文化为核心的传统文化也代表着一种"普世价值"。

2008 年，茅忠群宣布在企业内部导入儒家文化，不但建立了孔子学堂，倡导学习文化经典，还直接将"仁、义、礼、智、信"作为方太人的道德品质要求，之后把"廉、耻、勤、勇、严"作为方太人的职业品质。在管理上，茅忠群明确提出了"中学明道，西学优术，中西合璧，以道御术"的主张，标志着他中西合璧、弘扬文化的思想进入了理念的自觉时期。

之后的十年，方太顶着社会上的质疑之声，以愚公移山的精神，不断夯实企业文化体系。它将优秀的传统文化企业化、现代化，并不断加深对文化的理解与运用：在方太，文化既是产品也是业务、既是工作流程又是管理体系、既是创新本身又是战略、既是营销又是品牌……它与企业不是简单的毛与皮、虚与实的关系，也不是搭台与唱戏的关系，而是血肉之躯与精气神的关系，是不可分割的生命体的组成部分。

从《方太文化》一书中会看到方太中西合璧、严谨而系统的文化体系，会深感这是一家典型的以使命、愿景、核心价值观驱动的企业。它在

"正三观"中不但有企业的使命、愿景和价值观，有文化落地的抓手——做人的"五个一"（立一个志、读一本经、改一个过、行一次孝、日行一善）体系，还详细介绍了其文化的践行体系：顾客得安心，员工得成长，社会得正气，经营可持续。

当然，还有十一项基本法则未能详细展开，它们分别是心本经营、以道御术、品德领导、德法管理、组织修炼、智慧思维、行于中道、美善创新、精诚品质、幸福服务、无为而治。这可谓方太企业文化体系的"基本法"，每一条背后都有具体而清晰的指向与解读，读后让人忍不住赞叹其用心之深、用思之远、用词之精、用语之密。这种中西合璧、特色鲜明、体系缜密的企业文化将中华优秀传统文化与现代管理紧密结合起来，构成中国企业界一处特别的风景和研读样本，令无数经营管理者、文化学者、企业家心折。方太这一高端品牌的"灵魂"随着时间的推移日益引发更多消费者的共鸣。

几乎同时，2011 年起，方太将建设高端品牌的定位显性化，率先打出"高端厨电品牌专家与领导者"（后简化为"高端厨电品牌领导者"）的定位，致力于成为受人尊敬的世界一流企业，并加大了品牌传播力度。这种在当时极具差异化的品牌塑造使方太迅速脱颖而出，大大强化了方太高端品牌的形象，也使方太成为很多企业效仿的对象。不过，由于方太在技术与产品上的强大支撑，以及在文化上的后续溢出效应，其高端品牌形象日益稳定，牢牢占据着厨电行业高端品牌领导者的地位。

文化上的耀眼表现掩盖了方太在技术、产品上的锋芒与实力：2008 年推出国内首个嵌入式成套设计 5 件套"银睿五系"，开启厨电成套化嵌入式时代；2010 年推出的"高效静吸"油烟机成为里程碑式的标杆产品，荣获中国轻工业联合会科学技术进步奖一等奖，并创造了当年零售额和零售量市场占有率均高出国外品牌一倍多的神话；2013 年以全新一代"风魔方"吸油烟机创造了"前所未见的吸油烟效果"，在产能过剩的年代上演"脱销"神话；2015 年全球首创"水槽洗碗机"，产品上市以后 3 年左右处于供不应求的状态；2019 年创新性采用"上排集成"解决方案开创性推出融合功能、智能、美学设计的厨房新物种——"集成烹饪中心"，不但用 3000 多项专利带来更强大的综合集成性能，更引领着新一轮产业变革和消费升级……

理想自觉：内圣外王

对传统文化的不断精钻，迅速延伸和扩张着茅忠群的视野、心胸和思想，激荡着他对自己灵魂的持续追问：为什么要做这家企业？其目的和意义是什么？

无疑，企业要追求利润，但仅有这个追求也不是好企业，也做不长久。茅忠群从古代圣贤总结的经典修身"八条目"——格物、致知、诚意、正心、修身、齐家、治国、平天下中感受到，前五条为内修，是内圣，后三条则为外治，是外王。因此，"八条目"就是中华文化的内圣外王之道。

他认为，当代的企业家应该有士大夫情怀，不但要搞好企业，还要胸怀社会和国家。因此，茅忠群创造性地提出，"修身、齐家、治企、利天下"应该成为中国企业具有的使命。为此，2015 年 2 月，他在公司年会上宣布了方太的新愿景，从过去的"成为受人尊敬的世界一流企业"升级为"成为一家伟大的企业"，同年提出了"因爱伟大"的品牌主张，开始追求独有的文化和价值主张。

"伟大"这个词太过宏大而庄严，因此一般企业很难承载得起，并容易流于空洞和表面。方太却找到了通往这一目标的核心思想和具体路径，核心思想是：企业不但是一个经济组织，满足并创造客户的需求，还是一个社会组织，因此要承担社会责任，不断导人向善，促进人类社会的真善美。具体路径则是：顾客得安心、员工得成长、社会得正气、经营可持续。其中引人注目的是"社会得正气"，它主要包含四个层面——法律责任、伦理责任、发展责任、慈善责任，每个层面有更详细的指标支撑。其中慈善责任中排名第一的是"文化传播"。比如，方太有三大愿望：希望通过自己的不懈努力，助力一千万家庭提升幸福感，助力十万企业家迈向伟大企业，助力建设一万个幸福社区。

可以看出，方太对待愿景的态度是极其认真的，落地体系相当完整，每句话、每个词都有具体所指，每个口号都有计划步骤贯彻。

2018年，方太直接修订了自己的使命，使之与伟大企业的愿景相一致——"为了亿万家庭的幸福"。这句话囊括了三大愿望涉及的人群，包括员工、顾客、合作伙伴和社会。

此时的方太，已经进化到愿景驱动，进入了一种理想自觉的新境界。

在茅忠群看来，品牌是人品、企品、产品的综合体现，是消费者心智中的综合认知。这表面上似乎是一种自然主义的品牌塑造观，却体现出方太已经实现了从内部企业文化向外部品牌文化的贯通，开始朝着"内圣外王"的圣贤之道迈进。

当文化开始溢出，企业文化即品牌文化，就是品牌。因此，表面上看，目前方太的标签是文化创新，实际上，其高端品牌的形象已日益深入人心，因为文化是品牌的灵魂。

方太对于高端品牌也有自己的"方法论"。它认为高端品牌由"五高"构成——高价格定位、高品质产品、高身份象征、高信任声誉、高价值感知，形成完整的闭环。从中可以看出，除了价格是一种定位和区隔，产品是技术、美学、工艺、性能、品质等的集合之外，其他三个要素都与品牌印象与感知相关，显示出方太的高端品牌建设已到了消费者品牌阶段，上升到社会声望和价值观共鸣的高度。

随着时间的推移和方太持续不断的努力，方太文化创新所带来的外溢效应将会引发越来越多人的思想激荡和情感认同，带来厚积薄发的强大品牌效应。届时，这种由使命、愿景和价值观驱动的高端品牌文化战略将构成方太核心竞争力的关键、坚不可摧的竞争壁垒。

这样的企业，虽然规模不足200亿元（2022年营收162.43亿元），但它的境界已经高出许多百亿、千亿级的公司，甚至高出不止一个档次。它的灵魂如此高贵、文化如此系统、内核如此强大、技术如此先进、品牌如此高级……建设一个上千亿规模的中国高端品牌、挺进全球成为世界一流企业只是时间问题。

茅台：品质与文化双驱动

说起中国本土高端品牌，大多数人的第一反应是茅台。

茅台在白酒业中的地位举足轻重，在高端白酒市场上有着绝对垄断的地位，市场占有率超过 50%；净利润高得惊人，2022 年净利润超过 626 亿元，算下来日赚 1.72 亿元；市值 A 股第一，曾一度冲破 3.2 万亿元市值，比工商银行、特斯拉的市值还要高。茅台酒价格一路疯涨，虽然一直在控价，但市场仍然一酒难求。

如果回到二十多年前看茅台，你一定会感到不可思议：1998 年的茅台连员工工资都发不出来，只完成了 700 吨销量，离 2000 吨的销售任务相去甚远；2001 年茅台上市时净利润仅为 3.28 亿元，而五粮液净利润为 8.11 亿元，净利润只有五粮液的四成。

直到 2008 年，茅台才迎来真正属于它的时代。

在这之后的时间里，茅台到底做对了什么？

有人说茅台享受到了白酒行业的增长红利，但其实，2012~2021 年，白酒总产量从 1153 万千升下滑至 715 万千升，下滑近 38%；也有人说茅台享受到了白酒行业的品牌红利，但事实上，茅台在品牌运作上并没有太多动作。

让茅台收获巨大回报的原因是，它做对了关键的两件事：一是长期坚持的匠心品质；二是持续塑造的茅台文化。它没有很多花里胡哨的营销动作，而是聚焦所有资源，无限放大它在这两方面的优势，直至成为竞争对手无法企及的天花板。

品质茅台

品质是高端品牌生存之基，如果无法在品质上取得突破，那么打造高端品牌也就无从谈起。成功的高端品牌，不仅在品质上表现优异，代表行业的最高品质，而且拥有行业标准的制定权。例如，茅台代表了酱香型白酒的最高品质，不断刷新酱香型白酒的行业标准。茅台的巨大成功，也使得酱香型白酒成为具有高附加值的白酒品类。

茅台是如何做的呢？可以大致总结为以下两条：

一是对传统工艺的坚守。

在酿造生产方面，茅台遵循"一年周期、两次投粮、三年陈酿、七次取酒、八次发酵、九次蒸煮"的传统工艺。其工艺复杂程度远超清香型和浓香型白酒。

在酿造时长方面，茅台从原材料到初酒需要一年时间，随后自然老化三年，勾调后再储存一年，统算下来，即便是新酒，从生产到出厂最短也要五年时间，而且贮存越久，酒体越柔顺，香气越优雅。

小小一杯茅台酒要经过近 30 道工序、165 个工艺环节、五年的陈酿，其生产之艰难可见一斑。

由于酿造工艺独特，2006 年茅台酒酿制技艺被国务院批准列入第一批"国家级非物质文化遗产名录"。作坊式的酿酒工艺，倾注了酿酒匠人数年的时间、大量的心血，为茅台酒注入了灵魂。

这正是茅台酒的魅力所在。如果它是完全工业化生产的标品，品牌魅力必将大打折扣。

二是对核心产区的坚守。

正所谓"橘生淮南则为橘，生于淮北则为枳"，白酒品质的背后折射出的是产地的自然属性和环境信息。

茅台镇所在的赤水河流域，拥有独特的地理环境和极端的生态环境。紫色土壤孕育了红缨子高粱的精髓，更赋予了茅台镇一带酿酒小产区独特的微生物繁衍环境。该区域在昼夜温差、空气湿度、微生物条件等方面都有不可复制的独特性。

20 世纪 70 年代末期，茅台曾尝试过易地建厂，该厂生产的白酒经鉴定"接近茅台"，但其香味及微量元素成分只是与茅台酒基本相同，差异性仍然存在。虽然对普通消费者来说，这一差异极为细微，不是专家的话品鉴不出来，但是出于对品质的苛刻追求，茅台酒放弃了易地建厂。最后，易地建厂生产的这款酒未能如愿成为"茅台酒"，只能叫"珍酒"。

茅台深信，茅台镇方圆 15 千米的核心产区才能酿造出最正宗的茅台酒。在自身的不懈努力下，2001 年，茅台成为中国首个获得地理标志（原产地）产品保护的白酒。

通过对传统工艺、核心产区的坚守，茅台打造出卓越的产品品质，建立了同行无法触及的品质标准。可以说，品质战略是茅台高端品牌建设的关键所在，其他诸如控产能、控价格、控渠道都是这一核心战略的外部延伸。

文化茅台

在赤水河边，酱香型酒企不止茅台一家，为什么只有茅台能一骑绝尘？除了产品力之外，更重要的原因在于文化。文化是茅台的战略支撑点，也是品牌灵魂所在。

茅台与一些老客户沟通之后发现，这些忠实的老客户普遍有一个困惑：大家都知道茅台酒的名声、档次，但不知道茅台到底好在哪里。这让茅台领导层意识到，只有打造出茅台自己的文化，才能满足消费者深层次的精神需求。

围绕茅台的历史与文化，茅台做出一系列动作：

首先，挖掘茅台传奇的历史故事。茅台怒掷酒瓶震国威，获得"1915

年巴拿马万国博览会"金奖；红军当年路过茅台渡口，茅台酒为红军解乏疗伤，并受到了周恩来的大力赞赏；斯大林七十大寿之时，毛主席将茅台酒作为国礼相赠……这些传奇故事的不断传播，让茅台文化充满了感召力。

其次，不断在消费者心目中塑造"国酒茅台"的认知。从 20 世纪开始，茅台牢牢地与"国酒"深度绑定，从各个角度强化"国酒"身份：出品的报纸叫《国酒茅台》报；出版的刊物叫《国酒书画》《国酒诗刊》；语音彩铃设置为"国酒茅台"；广告语为"国酒茅台，酿造高品质生活"。

2007 年香港回归十周年，2008 年北京奥运会，2009 年新中国成立 60 周年，2010 年上海世博会，2011 年辛亥革命 100 周年、建党 90 周年、红军长征胜利 75 周年、茅台国营 60 周年和西安世界园艺博览会，2012 年伦敦奥运会，2018 年改革开放 40 周年……茅台为每一次"国家大事"都开发了相关纪念酒，不断坐实"国酒"的身份。

从 2001 年开始，茅台就积极申请"国酒茅台"这个商标，9 次被拒之后，终于在 2012 年初审通过。2016 年，国家商标局对"国酒茅台"决定不予注册，茅台集团主动发起诉讼，虽然 2018 年申请撤回"国酒茅台"商标行政诉讼案，但经过十多年的事件传播，茅台品牌已然与"国酒"画上等号，这样的关联早已深入人心。

最后，将一批具有厚重文化底蕴的老品牌推向前台，如华茅、赖茅、王茅等。成义烧坊（华茅）创立于 1862 年，荣和烧坊（王茅）创立于 1979 年，恒兴烧坊（赖茅）创立于 1929 年。1952 年，三家烧坊收归国有，合并成了贵州茅台酒厂。这就是茅台酒的前世。在此后的漫长时间里，老烧坊、老品牌的价值并未被充分挖掘。这三大老品牌，肩负着茅台酱香系列酒整体走高、让底部金字塔逐渐上移的使命。

2019 年 8 月，茅台集团发布《"文化茅台"建设指导意见》和《"文化茅台"建设实施方案》两大文件，标志着"文化茅台"上升到战略层面。

　　"文化茅台"有着极为丰富的内涵，第一层着眼于茅台酒厂本身，对茅台历史进行总结与提炼（如前文所述）；第二层着眼于行业与社会，打造绿色、和谐、可持续的发展环境。

　　在打造绿色、和谐、可持续的发展环境方面，茅台也是积极作为、动作不断：

　　一是积极践行社会责任，扶贫助学。茅台通过建设有机高粱基地，因地制宜拓展丹寨蓝莓产业，让贵州、四川、河南等省近百万农户、近300万人获益。与此同时，茅台联合开展的"中国茅台·国之栋梁"公益助学活动，11年累计捐资11亿元，让21.45万名学子受益，是"希望工程"实施以来企业累计捐资最多、覆盖范围最大、受益对象最广的公益品牌项目。

　　二是倡导竞合理念，联合同行，营造良好的产业环境。2020年6月8日，茅台打破了全国酒企少有往来的传统，联合6家核心酱酒企业共同发起并签署《世界酱香型白酒核心产区企业共同发展宣言》，在行业内创造了佳话。

　　三是成立"文化茅台"宣讲团，打造"茅粉节"。在茅台的大力支持下，经销商搭建起了茅台与茅粉的互动交流平台"茅粉节"，在讲好茅台故事、传播茅台声音方面发挥了重要作用。2019年9月，茅台成立"文化茅台"宣讲团，走进经销商、供应商、核心消费群体等相关方，不断丰富、强化"文化茅台"的内涵。

　　四是将茅台打造成向世界展示中国文化的一扇窗户。2019年起，茅台沿着"一带一路"，陆续走进南美智利、阿根廷、秘鲁和东非坦桑尼亚、肯尼亚、埃塞俄比亚等国家，通过系列文化交流、品鉴体验、主题展览，推动茅台文化与当地文化的深度融合。2020年，茅台通过推特、脸书等，将极具中华文化韵味、备受年轻人喜爱的潮流元素等内容与茅台相结合，成功搭建了一条茅台与年轻人、茅台与世界的情感联结通道。

　　目前，茅台正积极走向世界。从输出产品到输出文化，这一转变提升了茅台品牌独有的文化内涵，为茅台品牌成为世界一流的高端品牌打下了坚实的基础。

COLMO：高端品牌倍速成长密码

最近几年，一批高端家电品牌快速崛起，它们开始在与国外高端家电品牌的竞争中占据上风，成为中国家电行业向上升级的中坚力量。在它们的带领下，整个家电行业开始从价格战向价值战转变，高端升级已然成为行业的主旋律。

2018年，美的集团总营收高达1618亿元，是当之无愧的家电龙头企业。虽然美的集团在大众家电市场有着广泛的号召力，但在高端家电领域却稍显逊色。2018年，经过深思熟虑之后，美的集团决定推出高端家电品牌COLMO。

起初，一些业内人士并不看好，认为美的没有做高端品牌的基因。经过五年的成长和发展，COLMO用强劲的增长刷新了人们的认知。

虽然历经2020~2022年内外部环境的不稳定，COLMO的营收增速丝毫不受影响，几乎每年都能获得倍速增长。数据显示，2022年COLMO整体零售突破80亿元，在高端市场中的占比提升显著。

五年来，COLMO以理性美学、AI科技、精智造物三大价值支撑，逐步形成了全球家电市场上独特的高端智慧生活解决方案。其全屋高端智慧产品已涵盖中央空调、全屋用水、冰箱、酒柜、干衣机、洗衣机、护理柜、厨电、小家电等多个品类，并将中央空调智慧屏升级为全屋智能新入口，形成了BLANC（勃朗）、TURING（图灵）、EVOLUTION（新象）、AVANT（睿极）四大套系，全面开启全屋智能新时代。

那么，COLMO业绩连续倍增的密码到底是什么？

技术驱动

受价格战因素的影响，许多人对家电行业的认知存在一定的误区，想当然地认为它是一个同质化严重、技术含量不高的行业。事实上，随着云计算、物联网、人工智能等技术的不断渗透，技术正成为驱动家电行业发展的关键力量。

在如今的家电行业，没有技术的加持，想打造高端品牌几乎是不可想象的。COLMO 在中国、美国、德国、意大利、印度等国家设立 20 个研发中心，拥有近千名研发工程师进行技术和产品开发。过去的五年，美的集团在研发上的累计投入高达 500 亿元，专利申请数量多达 16 万余项。

2022 年，美的集团的研发投入高达 126 亿元。作为集团倾力打造的高端品牌，COLMO 拥有最前沿、最尖端技术的优先使用权。只要集团推出新的家电科研成果，尤其是 AI 新技术，都会优先考虑应用于 COLMO 的产品。

从单个智能产品的购买到更完整的全屋智能解决方案体验，COLMO 按照人群属性推出了四大套系产品，涵盖了不同年龄段的主流高端人群，满足了家电家居一体化的审美潮流与高端用户对家电一站式采购的需求。

BLANC（勃朗）套系的目标人群为追求品位的"世界人"——他们中有企业家、"金领"，为他们提供的是 180 平方米以上大公寓、别墅智能家居解决方案，实现了家居一体化、能力模块化、全屋智能化；TURING（图灵）套系则针对"科创精英"人群，提供的是 160 平方米以上大公寓、复式、别墅智能家居解决方案，倡导精工造物、高效专业与创新体验；EVOLUTION（新象）套系针对"品质新贵"人群，提供的是 140 平方米的改善户型的家电解决方案，以全隐美学、功能进阶、智感呵护为核心诉求点；AVANT（睿极）套系对标"生活创客"人群，提供的是 100 平方米首套房全屋家电解决方案，突出精致尺寸、个性审美与灵动体验。

COLMO 品牌蕴含攀登精神。攀登技术之巅，是 COLMO 一直的追求。在四大套系产品中，COLMO 广泛应用了全屋智能科技，将理性美学、AI 科技、精智造物融入其中，形成了独一无二的差异化竞争力。近年来，

COLMO 又推出"墅智专家"的行业定位，开启了向更高端全屋智能系统的进化。

随着物联网、人工智能、云计算等前沿技术与家电产品不断融合，家电产品升级换代的速度加快。如何让消费者始终追捧品牌？技术与场景的结合是关键。

自创立以来，COLMO 实现了很多技术突破，为用户带来极致的体验。比如，COLMO EVOLUTION 天墅空调，不仅创造性使用了全模块化设计，满足用户持续进阶的空气需求，更通过 COLMO 特有的 i-Brain 智慧系统，让空气深度学习主人习惯，并能自主适应环境变化。

COLMO TURING 图灵中央空调通过分布在全系统的超百个传感器，深度精算、多维度精准探知空间微变；更有自主研发的三管制温湿灵控技术，搭配新风、地暖、加湿模块的多元能力，随时调控温、湿、风、净、鲜五维气候参数以适应用户体感的状态变化，搭配 AI 墅适智慧屏实现深度全宅智控，营造全屋舒适的家居环境。

COLMO 双洗站创见性地将洗烘一体机、扫拖机器人合二为一，创造出目前家电行业的新形态、新物种。

COLMO 纯平全嵌营养冰箱在颜值上不仅能与橱柜零缝全嵌，同时在功能上实现了多项突破，其中的 AI 主动营养科技能有效抑制 41% 水产嘌呤的产生，降低海鲜食用风险。

此外，具有智能投放功能的 COLMO G35 洗碗机、6 年长效 RO 反渗透全屋净水的 COLMO 星图净水机 X1500、超强制冷抗油污的 COLMO 厨房空调等，都成为用户各个空间场景中的明星级产品。

基于技术的核心竞争力，COLMO 有一个十分明确的定位：国际高端 AI 科技家电。COLMO 通过前沿的 AI 技术统御旗下的各种"黑科技"，为高端用户提供一揽子的家电家居生活解决方案，引领全屋智能进入 2.0 时代。

传统的全屋智能用声光电技术，存在入口不集成、控制不深度、整体不美观等缺点。例如，要控制全屋家电，需要额外购买智能音响、智能中控面板等产品，而且由于系统没有联动性，导致指令多达数十个、步骤烦琐。同时，由于多种智能面板拼凑混搭，常常导致家电与家装美感难以兼容。

相较于传统的全屋智能，COLMO 的 AI 全屋智能具有三大明显特征：全品类家电 100%IoT（物联网）化；智能家电＋智能家居一体化方案；全屋智能设备深度响应。也就是说，用户只需要说一句话，就可以省去多项指令；而且在很多场景下，COLMO 都能做到主动服务。通过家电整合全屋家居，COLMO 以更人性化的操作，实现了传统全屋智能品牌无法实现的深度控制。

2023 年，COLMO 继续夯实墅智专家定位，将 AI 技术应用到了新高度——"1+5+5" AI 墅适智慧系统，既满足了与用户生活息息相关的诸多精致需求，也勾勒出了具有未来意义的高端智慧生活图景。其中，"1"是 AI 墅智中心系统，它通过 AI 算法及大模型平台等技术，实现智能设备的环境感知、人体感知、智慧交互等功能，是全屋的"家居大脑"。在这一中控系统基础上，COLMO 构建了"5 大墅智家电系统"——墅智微气候系统、墅智好水系统、墅智珍贵洗护系统、墅智营养食趣系统与墅智家庭能源系统，以及"5 大墅智家居系统"——全屋智能隐私系统、全屋智能娱乐系统、全屋智能安全系统、全屋智能灯光系统与全屋智能控制系统，形成了"大宅级"全屋智能解决方案。

显然，深度技术加持的 AI 已成为 COLMO 品牌的突出个性、产品特点和明显优势。

同样在 2023 年，COLMO 重磅推出了全球首个家居领域大模型——"美言"大模型，构成了 COLMO 的 AI 基座。"美言"不仅拥有其他通用大模型的诸多优势，能够很好地支持深度语义理解、上下文关联、一句话多意图等；而且相较于通用大模型，其响应速度更快，并具备家居领域专业知识和技能，能够精准地回复专业领域的问题和识别用户意图。未来，"美言"大模型将全面赋能 COLMO 智能家电，将家电与家居的深度融合推向智慧的新境界。

"理享"驱动

梦想价值是高端品牌的共同特性。和奢侈品不同，COLMO 以理性的功能与感性的价值，引领高端人群进入一个独特的梦想世界。COLMO 诞生前，集团内部便达成一个共同的认知：真正的高端品牌，不能停留在产品层面上，还要输出情感、传递价值，引起目标消费群体的共鸣。它们针对目标客户群——全球 1% 的超级个体，定下了"生而非凡"的品牌精神，倡导理性美学，鼓励全球精英成为最"理享"的自己。

在高端品牌的打造中，艺术与文化扮演着重要角色。作为中国高端家电的标杆之一，COLMO 极其注重艺术与文化的力量。它所推出的每一款产品如同艺术品一般，有着独特的视觉语言与艺术表达。

如果破解 COLMO 产品背后的艺术密码，我们就会发现它与包豪斯主义紧密相关。包豪斯主义是现代主义设计运动的典型代表，它崇尚纯净的设计和功能主义，已成为简明、几何化、现代感设计的代名词。基于新包豪斯主义的设计理念，COLMO 倡导设计的理性美学、大道至简与行真致远。综观全球的高端消费电子品牌，它们几乎全部奉行极简美学。

围绕极简的设计美学，COLMO 倾注了大量的心血，斩获颇丰。五年来，COLMO 获得过 41 项 iF 设计大奖、德国红点设计大奖，以及多项艾普兰优秀产品奖、IDEA 设计奖等荣誉。2020 年初，COLMO 联合文化名流梁文道、陈丹青一同前往包豪斯的发源地德国，还原百年前那场短暂却影响全球产业至今的理性美学运动。包豪斯第三任校长密斯·凡德罗提出了"Less is more"的理念。如今，"Less is more"有了更深的一层含义：只有让生活回归本质，才能看到"多"所代表的意义。秉承"科技服务生活本源、设计释放理性空间"的理念，COLMO 以简驭繁，用新包豪斯主义的简洁设计语言勾勒出家电设计的理性美学，在源自几何的先锋设计与表现自然肌理的原始质感的平衡之间，努力让家电产品成为一件艺术级产品。

许多家电品牌为了追求新、奇、特的造型往往选择牺牲功能，COLMO则追求设计与功能的统一。COLMO米兰前沿设计中心汲取深厚积淀的欧洲文艺基因和现代先锋审美哲学思想，以工业设计与CMF研究为重点，专注于对全球家电设计趋势的探索。随着家电家居一体化盛行，COLMO还通过产品的组合式嵌入设计，以一体化纯平表面，引领极简的设计发展趋势，打造风格统一、以简驭繁的家居环境。2023年6月，COLMO携TURING套系产品亮相深圳、上海，与全球顶级豪宅品牌齐聚WAD豪宅精造空间，与国际橱柜、家居、面料品牌联合展示更高端的全屋智能与理性美学设计理念，并通过高端全屋智能与设计师圈层进行深度互动体验，共同构筑"理享"生活。

除了在设计上举起新包豪斯主义的大旗，COLMO还非常注重价值观的引领。在过去五年里，COLMO通过一系列的品牌营销事件，传递"进取、理性、自信、魅力"的品牌个性：2022年末，"COLMO理享生活盛典"携手爱奇艺《我们的民谣2022》，以"全屋智能合作伙伴"身份陪伴民谣精英在音乐舞台分享墅智人生；进入2023年，COLMO菁英生活节结合《W》和《嘉人》杂志的时尚资源与行业影响力，将COLMO全屋智能新入口的前沿科技与杂志的先锋理念深度融合，以高端重构全屋智能……

《生活进化论》是COLMO精心打造的品牌IP类节目，每季访谈多位文化艺术界重磅嘉宾，从电影、体育、科学、摄影、舞蹈、音乐、建筑、文化、绘画、文学等多个维度解读"美好生活"，完整呈现他们心目中的"理享主义"。许知远、岳敏君、李少红、潘晓婷、叶锦添、陈数、朱镕、蒋琼耳、陈擎等各行各业知名人物都曾受邀参加这档节目。2023年，COLMO《生活进化论》第四季与《时尚芭莎》合作，共邀李少红、潘晓婷、唐立梅、张翰、张悦等各行业精英，从科技美学、设计美学、生活美学角度共同讨论"既自律又丰盈"的"理享"主义。

此外，COLMO 连续四年冠名"无锡马拉松"、连续四年与"戈壁挑战赛"深度合作、与"高尔夫挑战赛"的合作升级，并在 2023 年首次与"上海劳力士网球大师赛"合作。通过长期与运动挑战类赛事合作，COLMO 逐步塑造"攀登不止"的探索精神，将品牌所凝结的精致、科技、时尚、理性、智慧、健康等生活元素全面展现出来。

系统驱动

很多企业家对高端品牌存在误解，认为它无非是把产品品质提升一点、价格卖高一点，做起来并不难。他们显然想简单了，也低估了打造高端品牌的难度。

打造高端品牌是一个系统工程。如果说从产品到品牌是一种自我升级，那么从品牌到高端品牌不啻一次自我革命。两者的共通之处在于，过去那一套方法已不适用于现在的市场了，企业必须进行从产品到文化的巨大转变。也就是说，高端品牌不但要完成从产品导向、渠道导向到品牌导向、用户导向的切换，还必须让一批精英分子接受高价值、高溢价的精神挑战。

因此，企业家需要站在战略高度做全局考量，同时对企业的资源与能力做客观评估。

建立属于自己的高端品牌，一直是美的集团的战略所向。COLMO 的成功，不是单点突破的成功，而是全面突破的成功。在运行初期的两年里，COLMO 被当作"一把手"工程。在 To C 业务上，美的集团依托核心家电业务"数一战略"，促进科技创新与家用电器融合，成为智能家居产品创新的引领者。其中，COLMO 与东芝双高端品牌战略是重要亮点。

美的集团不仅向 COLMO 倾注了非常多的资源，在组织体系、研发制造方面给予全面保障，而且坚持长期主义的发展思路。这对创立不久的高端品牌 COLMO 来说，尤为重要。

为了支持其更好地发展，美的集团专门成立了高端品牌公司，以独立的组织对 COLMO 进行整体规划和统筹。在集团架构下，COLMO 更像是一个品牌运营管理平台，它负责品牌管理运作、技术产品统筹和业绩考核，销售推广的实施则主要在各事业部门进行。这种组织模式使得 COLMO 可以充分地调动集团的营销网络、技术研发、制造平台和团队优势，有力地促进了 COLMO 业绩迅速上扬。可以说，集团的深度加持是 COLMO 每年倍速增长的关键所在。

在渠道上，美的集团对 COLMO 进行深度赋能。在数千家门店里，COLMO 与美的"比邻而居"，最大限度地获得了品牌曝光量和销量促进。被帮一把、扶一程之后，COLMO 快速成长，逐渐独立开店。经过五年的发展，COLMO 累计拥有 7000 多家门店及网点，2023 年 COLMO 完成 800 家终端智感体验馆的建设目标。这些独立的体验店通过场景化的展示模式，让消费者实实在在感受到高端家电带来的生活品质进阶。

在用户服务上，COLMO 依托集团完整的售后服务体系和数字化能力，构建了一套科学的 COLMO PRO（专家级高端服务）体系，在售前、安装、服务、维修等流程上，针对用户需求及家居环境提供全方位定制设计。同时，COLMO PRO 打破传统家电服务只针对单一品类或型号的用户痛点，推出了全品类、套系化、一体式服务，用户下单后即可享受成套送装、成套维保。

值得一提的是，COLMO PRO 不是被动式的服务，而是主动式的关怀。它通过智能技术收集、检测消费者在售前、售中、售后各个环节的满意程度和体验感受，重点解决最受消费者关注的问题和需求，以此不断提高用户的满意度、服务的高端感与品牌的价值感。

后　记

高端品牌实验室："静若处子，动若脱兔"

——写在第 8 个"中国品牌日"和

《高端化浪潮——中国高端品牌发展蓝皮书》即将付梓之际

"品博会"来了

在《高端化浪潮——中国高端品牌发展蓝皮书》（以下简称"《蓝皮书》"）即将付梓之际，2024 年 5 月 10 日，第 8 个"中国品牌日"如约而至。

自然，高端品牌实验室也迎来了它的两岁"生日"。

这一年的特殊之处在于，国家发展改革委、国务院国资委、市场监管总局、国家知识产权局四部门在上海共同举办了以"中国品牌，世界共享；国货潮牌，品筑未来"为主题的一系列活动。

据媒体报道，活动为期 4 天，采用线上线下相结合模式举办：线下活动地点在上海世博展览馆，主要包括举办 2024 年"中国品牌日"活动开幕式、中国品牌发展大会、中国品牌博览会，以及有关部门、地方、企业、媒体、品牌服务机构自行组织开展的品牌特色创建活动；线上的 2024 年中国品牌博览会（简称"品博会"）也在 5 月 10 日上线，试图打造"永不落幕的品牌盛会"。

其中最引人瞩目的是中国品牌博览会，首次推出就有 7 万平方米，汇聚近千家品牌企业，它的推出显然是继中国进出口商品交易会（简称"广交会")和中国国际进口产品博览会(简称"进博会")之后,国家层面推出的又一展览盛会。前两者均由商务部和地方政府联办,中国品牌博览会则由国家四部门联合主办,其意义可视为"广交会"的重大升级版。

如果说过去的三四十年是"政府搭台、商品唱戏"的话,那么,未来数十年,将迎来"政府搭台,品牌唱戏"的新时代。

当然,品牌的建设根本上取决于企业自身的努力,因为它要在人们心中留下印记和认知。在过去的数十年中,一大批中国品牌凭借自身的不懈努力实现了强大和崛起,它们不但在中国市场上击败曾经不可一世的外资品牌,在诸多产业中实现全面赶超;还有不少企业已经驰骋全球市场,成为一张张闪亮的国家"名片"。

但是,绝对不能忽略政府在相关工作中做出的规划和努力。对中国品牌建设而言也是如此,政府对高质量发展和中国品牌的推动,无疑将对中国品牌的发展起到强有力的引领、催化和推动作用。

我们深信,正如中国制造一样,中国品牌和高端品牌也将在未来抵达它应有的位置。它将如同一个个可爱的"使者",带着中国的科技和文化力量服务全球的消费者。

"静若处子,动若脱兔"

2022 年 3 月,《高端品牌是如何炼成的》出版发行,很快引起社会的关注,并跻身京东图书市场营销类的前七名。同年 5 月,在"中国品牌日"来临之际,"中国高端品牌强国责任论坛"在广州举行,酝酿已久的高端品牌实验室在国内众多专家和品牌人的见证下宣告成立。

成立伊始,高端品牌实验室便确立了自己的智库"研究"特色,重磅发布了中国最具价值高端品牌 TOP100 榜单,将活跃在各个行业的高端品牌遴选出来,形成中国高端品牌的"主力阵容"。

此外,我们还推出了《蓝皮书》《华为商业哲学(书系)》和《定制家居 中国原创》等专项研究计划。其中,《华为商业哲学(书系)》和《定制

家居 中国原创》已于 2023 年公开出版发行，本书的出版则意味着两年多前的计划圆满完成。

2024 年 3 月，高端品牌实验室与华南理工大学品牌研究所签署战略合作协议，两者携手展开后续围绕《蓝皮书》的长年研究，对高端品牌理论进行持续构建，对先进的企业实践和 10 个重点行业展开跟踪，并将每年定期推出研究成果。

与此同时，由高端品牌实验室发起人段传敏和高端品牌俱乐部（GBC）理事长、慕思集团副董事长兼总裁姚吉庆联合研究撰写的《高端品牌七项修炼》一书也已进入出版流程，相信不久的将来也会和读者见面。

另外，2023 年，高端品牌实验室接受委托，联合华南理工大学品牌研究所、《大国品牌》、中外传播智库、世研指数等机构对中国时尚都市指数和广州时尚产业发展进行了研究，并于当年 12 月举行的"中国（广州）国际时尚产业大会"上发布《中国时尚都市指数暨广州时尚产业"主力阵容"白皮书》，重新发现广州在时尚都市建设方面的地位和成就，影响巨大，受到包括央广网、中国新闻网、中国日报社、南方日报、21 世纪经济报道、羊城晚报、信息时报等在内的中央、地方权威媒体的广泛关注和报道。

在研究方面，2023 年对高端品牌实验室来说是"大丰收"的一年，而 2024 年也将会迎来诸多重磅成果，值得拭目以待。

在研究方面，高端品牌实验室可谓"静若处子"，秉持专业和完美的精神潜心钻研；同时，它还在价值链接方面"动若脱兔"，以快速度和高质量推动品牌的互动、链接和推广。

大家可能会留意到高端品牌实验室中的"实验"二字，它表明，我们不愿意只做一个藏于书阁中的研究者，而是致力于成为高端品牌建设热潮的参与者和推动者。

2023 年是高端品牌实验室频频活动，推动高端品牌之间、高端品牌与专家智库之间频频交流合作的一年。

2023 年 4 月 21 日，由 CCTV-1《大国品牌》、高端品牌实验室联合举办的"高端品牌 大国力量——2023 高端品牌大国智库研讨会"在北京举行。2023 年 12 月 13 日，高端品牌大国智库研讨会（第二场）"走进卡萨帝：高端品牌的修炼"在杭州钱塘江畔卡萨帝城市会客厅圆满闭幕。大国智库研讨会试图整合国内一线的专家、媒体和高端品牌，打造一个持续研讨和对话的平台。

2023 年 5 月 11 日，"2023 高端品牌 TOP100 发布暨第二届高端品牌领袖峰会"在广州隆重举行。活动由高端品牌实验室、广东省新媒体与品牌传播重点实验室主办，CCTV-《大国品牌》、全国工商联家具装饰业商会（智库）专家委员会联合主办，商界传媒集团、南航传媒股份媒体主办，华东师大国家品牌研究中心提供学术支持。活动邀请了不少重量级嘉宾，涉及企业界、品牌营销界、学术界、媒体界等多领域的专家学者和企业家、经理人。该活动以"拥抱高端化浪潮"为主题，对社会上日趋炙热的高端品牌话题进行了热烈讨论。来自卡萨帝、慕思、宇通客车、比音勒芬、华帝股份、九牧卫浴、皇派门窗、简一大理石、方太、COLMO、张裕解百纳、威法定制、悍高、派雅门窗等品牌的代表出席了会议。会上发布的"中国最具价值高端品牌 TOP100 榜单"引起企业界的广泛关注和热烈响应。

2023 年 5 月 9 日，由中国高等院校市场学研究会、华东师范大学、新华社《中国名牌》杂志社和科特勒咨询集团联合举办的"2023 第七届中国品牌日特别论坛"在线举办，作为主讲嘉宾之一，高端品牌实验室主任段传敏就品牌如何"挺进高端"进行了分享。

2023 年 8 月 14 日、15 日，由 GAIR 研究院、雷峰网、世界科技出版社、科特勒咨询集团联合主办的"第七届 GAIR 全球人工智能与机器人大会"在新加坡举行，高端品牌实验室主任段传敏应邀出席了会议，并发表了《技术跃迁带来的高端品牌"革命"》主题演讲。

2023 年 10 月 13 日，沃顿上海中心、科特勒咨询集团和中信出版社举办的科特勒"营销大未来"活动举行，高端品牌实验室主任段传敏应邀出席了相关主题对话。

2023年11月17~20日，以"复苏与腾飞"为主题的"2023第十七届中国品牌节"在杭州云栖小镇国际会展中心隆重举行。期间，由高端品牌实验室主办，《商业评论》、商界传媒集团、CCTV《大国品牌》联合媒体主办，蓝狮子图书、中国美术学院国家大学科技园协办，广州高端品牌咨询有限公司承办，会稽山"兰亭"高端黄酒赞助支持的"高端品牌"平行论坛同步举行。会议同时发布了"2023高端品牌TOP100（第二批）"榜单暨"自主品牌汽车高端产品TOP3榜单"，并举行了《定制家居 中国原创》和《华为商业哲学（书系）》新书发布仪式。

此外，高端品牌实验室也活跃在媒体、论坛和品牌企业之中，展开了广泛的链接，一年之内走进卡萨帝、方太、慕思、OPPO、华帝、九牧、威法、简一、皇派门窗、圣元元动力等知名品牌企业，并与CCTV《大国品牌》、华东师范大学"国家品牌战略研究中心"、华南理工大学品牌研究所、品牌联盟"中国品牌节"等机构进行了密切合作。

正是由于在品牌领域的上述突出表现，高端品牌实验室发起人、主任段传敏入选了"2023中国十大品牌专家"。这是对成立仅两年的高端品牌实验室的充分认可与肯定。

鸣谢

一路走来，步入第三个年头的高端品牌实验室正茁壮成长。

正如高端品牌是"做难而正确的事情"的理念一样，高端品牌实验室本身的建设同样是一个长期的过程。研究是我们的核心"技术"和产品，我们唯有不断强化在这方面的"研发"，推出更具价值和受企业欢迎的"产品"，才能赢得社会各界的广泛认可。

在此过程中，高端品牌实验室得到了许多品牌和朋友的热情关怀与鼎力支持，在此一并表示感谢。

感谢慕思集团副董事长兼总裁姚吉庆先生，他在慕思的优秀实践引发了我对高端品牌的强烈好奇。《高端品牌是如何炼成的》一书就是与他探讨的产物，他也是高端品牌实验室的核心发起人之一和高端品牌俱乐部（GBC）的理事长。他也积极引荐了卡萨帝、简一大理石瓷砖、皇派门窗等品牌参与高端品牌实验室的相关活动。

感谢华南理工大学博士生导师、教授、品牌研究所所长段淳林女士，她欣然答应担任"高端品牌TOP100"专家评审（学术）委员会的主席，有力地支持了"高端品牌TOP100"的推出，并对各项活动和项目（包括《蓝皮书》）给予热心指导和参与支持。同时感谢九牧集团品牌副总裁张彬先生，他作为中国品牌实验方面的资深专家，对高端品牌实验室和"高端品牌TOP100"的评选工作做出了有力的贡献。

感谢《蓝皮书》另一位合著者刘波涛老师，他也是"高端品牌TOP100"的核心研究员之一、《高端品牌是如何炼成的》一书联合作者。我们一直相互欣赏，合作多年。

感谢老朋友吴正喆、杜建君、高峰、田品、王同筱、颜圣仁、明占喜、王涛、文军、杜国锋、周云成、何未然、徐章烨、栗源、司徒歌今、江淘沙、欧阳熙、包晓峰、赵旭红等在高端品牌实验室筹备和运作过程中给予的宝贵建议与支持。

感谢卡萨帝原总经理宋照伟和现总经理张华、方太集团副总裁孙利明、科特勒咨询集团大中华及新加坡区总裁曹虎、华东师范大学教授和博士生导师何佳讯、中国传媒大学教授黄升民、华夏基石高级合伙人施炜等对我们所举办的论坛峰会的倾情出席与宝贵分享。当然，出席我们论坛活动的还有很多重量级嘉宾（已有报道，不一一列出），在此一并致谢。

感谢媒体合作伙伴《大国品牌》、商界传媒集团、《商业评论》、《南方航空》、《中外管理》所给予的协助。感谢论坛合作伙伴注意力传播集团、张裕解百纳N398、高端黄酒品牌兰亭等给予的赞助支持。

感谢卡萨帝、慕思集团、方太、COLMO、皇派门窗、华帝股份等著名头部品牌愿意分享他们在高端品牌方面的实践，使高端品牌实验室的品牌研究工作不断推向深入。尤其要感谢卡萨帝，作为中国高端品牌方面的现象级案例、领航品牌，它的积极参与和支持令高端品牌实验室蓬荜生辉、如虎添翼。

最后还要感谢经济管理出版社和高端品牌实验室团队，不知不觉与经济管理出版社的合作已是第三次，从2021年的《向上攀登》到2022年的《商业向善》，再到今天的《蓝皮书》，我们的合作越来越密切与融洽。感谢为《蓝皮书》的编辑、校对、出版付出诸多努力的赵亚荣编辑。同时，也感谢高端品牌实验室采编主任彭烨茵、美术总监王有滢、市场总监温漫谊在此项目上的诸多付出。

高端品牌实验室

2024 年 5 月